中学校英語サポートBOOKS

生徒をテスト好きにする

6つのアイデア×8の原則で英語力がぐーんと伸びる!

英語テストづくり&指導アイデアBOOK

正頭 英和 著

明治図書

はじめに

テストは授業・授業はテスト

　私は授業で行っている活動のほとんどを「テスト化」しています。それは，言い換えれば「本番は練習のように。練習は本番のように」という考え方と同じです。テストは授業であり，授業はテストなのです。テストと授業の境界線を限りなくなくそうという思いが私の中にあります。

　本書で紹介しているテスト問題のほとんどは，そのまま授業でも活動として使えるものばかりです。そして実際，本書で紹介しているもののほとんどを，テスト問題としてだけではなく，授業の活動として取り入れています。

「それって成績に入りますか？」

　教師には，言われて「カチン」とくる言葉がいくつかあります（笑）。そのランキングで堂々のNo.1なのが「それって成績に入りますか？」ではないでしょうか。この言葉を言われて，職員室で愚痴を言っている教師を何人見てきたでしょうか。「なに？　成績に入らないのなら，あなたはこれをやらないってこと!?」と怒っている教師を，私は何度も見てきました。私も今までに何度も，この言葉を言われたことがあります。

　しかし，私はこの言葉で腹を立てたことはありません。なぜなら，生徒が成績を気にするということは，とても当たり前のことだと思っているからです。成績を気にしない生徒というのは，自分自身をしっかりもち，夢に向かって大きく進んでいる生徒か，「やんちゃ君・さん」のどちらかでしょう。どれが良い・悪いということではなく，大多数は成績を気にしている生徒たちだということです。ですから，正直に答えればいいのです。入るのならば「入るよ」，入らないのなら「入らないよ」と。これを曖昧に返答するのは，生徒に対して無責任です。

テスト・成績が全て!?

　さて，なぜこんな２つの話を冒頭にしたかというと，「それだけ生徒は成績を気にしているんだ」ということを確認したかったからです。そして，それは生徒が「テストを気にしている」という言葉に直結するのです。極端に表現すれば「テストに支配されている」と言ってもいいかもしれません。こんなことを書くと，「生徒がテストのために勉強をするのはおかしい」「生徒をテストでしばりつけたくない」という意見が返ってきます。私もそれらの意見には賛成です。しかし，この問題を解決するには２つの視点が必要になります。私はそれを「未来視点」と「現在進行視点」と呼んでいます。

「未来視点」

　これは「テストに支配されている生徒」を，長期的に見て少しずつ変化させていくという視点です。そもそも生徒がテストばかり気にしているのは，「テストのもつ力」に，私たちの「授業の力」が負けてしまっているからです。生徒が嫌々ながらもテストのために努力するのは，それなりの見返りがあることを知っているからです。一方，私たちの授業はどうでしょうか。「一生懸命に受ければ見返りがある」と思われている授業でしょうか。この考えを常にもって，私たちは自分たちの授業をブラッシュアップしていかなければいけません。テストのもつ力に，私たちの授業の力が勝ったとき，生徒は「テストのためにがんばる！」と言わなくなるのではないでしょうか。

　もちろん，これには長期的な努力が必要です。また，生徒たちに未来を語る生徒指導，友だちとのつながりをつくる学級経営，などなど，授業だけでなく様々な方面からのアプローチが必要になります。テストに支配されない生徒を育てることはとても重要なことです。しかし，これは一朝一夕でできることではなく，また本書のコンセプトともずれるので，これ以上はここには書きません。また機会がありましたら，どこかでこの「未来視点」について本を書きたいなと思っています。

「現在進行視点」

　「未来視点」に対し，「現在進行視点」は「テストに支配されている状況」に真っ向から対立するのではなく，「じゃあ，生徒を支配しているテストを教師が支配して，生徒を正しい方向に導いてあげよう！」という考え方です。そして，これが本書のコンセプトです。

　テストが嫌いな人は多いかもしれません。しかし，多くの人はテストがあるから勉強するし，テストを通じて様々な経験をしていることも事実です。テストの賛否は本書では問いません。テストは多くの学校では「実施しなければいけないもの」であるからです。ですから，どうせ実施するなら，それが生徒のためになるものであってほしい。そのためには，もっと私たちがテストについて勉強・研究をしなければいけないのではないか。それが「現在進行視点」です。

教師はテストのシロウト!?

　テストというものの社会的影響は，とても大きいものです。高校入試があり，大学入試があり，就職試験があり，資格試験があり……。車の免許を取るのだって「テスト」です。国の動向を決める選挙であっても，テストの一種です。テストとは，私たちが生きていく社会生活の中で，大きな役割を担っています。そのテストを最も多く作成している職業は何でしょうか？　それは教師です。

　しかし，私たちはテストについて専門的に学んだことがあるでしょうか？　大学の教職課程ですら，テストについてはほとんど触れられていません。授業研究や授業に対する助言・指導は，教育委員会などから得ることができても，テストに関する助言や指導をいただける場合はほとんどありません。つまり，多くの教師はテストについてシロウトなのです。

テストに関する専門書はありますが……

　テストに関する専門書は多くありますが，テスト理論自体はお世辞にも

「簡単」とは言いにくく，多くの教師の心を折ってきました（笑）。また，現場向けに書かれたテスト書というものも，とても少ないのが現実です。

そこで本書では，「見やすい」「簡単」「使える」をコンセプトに，テストについての私なりの考え方と，実践例を紹介させていただきました。

中でも，私が最も強い思いをもっているのが，

> 勉強への影響

です。「波及効果」といいます。テストになると，生徒が勉強してくるという現象はありませんか？　私はその現象を利用して，生徒の力を伸ばしたい，とずっと思っていました。そして，数々の実践をしてきました。その中で，私が使えると思ったものだけを本書でご紹介させていただきます。

本書で記されているテスト実践は，全て私が教室で実践したものです。諸先輩方から教えていただいたものに少し手を加えたものや，私オリジナルのものもありますが，共通して言えるのは私が教室で実践して「使える！」と思ったものばかりだということです。いわゆる研究であるようなデータや引用などはありません。それは私がこの本を教室実践に根づいた本として意識したからです。当たり前の提案から，斬新な提案まで様々だと思います。

本書をきっかけに，みなさまの生徒がテストを楽しみ，力を伸ばしていくことにつながっていけば，これほどうれしいことはありません。

正頭　英和

Contents

はじめに

Chapter 1

おさえておきたい テストの基礎知識

1 テストには必ず「目的」がある ······················ 12
2 テストは2種類に分けられる ························ 14
3 テストにとって大事な2つのこと―妥当性と信頼性― ········ 16
4 生徒にとって真に有益なテストにするために ············ 18
5 「波及効果」で生徒の力を伸ばす ····················· 20
6 テストの結果は授業の結果である ····················· 22

Chapter 2

生徒をテスト好きにする 6つのアイデア

アイデア 1 テストという言葉を使わない ················ 26
アイデア 2 定期テストの比率を下げる ················· 28

アイデア	3	テストのバラエティ＆頻度を増やす	30
アイデア	4	一発勝負のテストをやめる	32
アイデア	5	加点式にして可視化する	34
アイデア	6	予想問題をつくらせる	36

COLUMN

生徒が集中するテスト返却術 ……………………………………………… 38

Chapter 3

テストを劇的に変化させる 8の原則

原則	1	テスト作成はまずは設計図からつくる	42
原則	2	生徒にはテスト形式を予告する	46
原則	3	問題文はわかりやすさと簡潔さの工夫をする	52
原則	4	ターゲットテストを分析する	54
原則	5	問う能力は一つに絞る	56
原則	6	問題は易→難の順番にする	58
原則	7	余白・イラスト・フォントなどを軽視しない	60
原則	8	配点は均一にする	62

COLUMN

試験監督 10の心得 …………………………………………………… 64

Chapter 4

スキル別
テスト問題のワザ＆アイデア

単語編
- 問題は白紙で楽をする ……………………………………………… 68
- 育てたい3つの能力を見極める …………………………………… 70
  - 発音技能を問う単語テスト ……………………………………… 72
  - つづり技能を問う単語テスト …………………………………… 74
  - 意味理解技能を問う単語テスト ………………………………… 76

文法編
- 並べ替え問題の選択肢は7つまで ………………………………… 78
- 生徒が夢中になる間違い探し ……………………………………… 80
- 高い「波及効果」を生む穴なし穴埋め問題 ……………………… 82
- 即興で質問ができる能力を育てる ………………………………… 84
- 余分な言葉を削除する ……………………………………………… 86
- 文法用語は問わない ………………………………………………… 88

リーディング編
- 明示的問題ではなく推論的問題で問う …………………………… 90
- 3パターンの形式を使い分ける …………………………………… 92
- 長文問題だけがリーディング問題ではない ……………………… 96
- 選択問題は3択がベスト …………………………………………… 98
- 穴なし穴埋め問題は既習教材を使わない ………………………… 100
- 英語で理解し英語で発表するパラフレーズ問題 ………………… 102

リスニング編

聞き分けテストで発音を意識する ……………………………… 106
油断しがちな会話形式のリスニング問題 ……………………… 108
Qから始まる問題 ………………………………………………… 110
生徒の集中を引き出すディクテーション ……………………… 112
リスニングテストを成功させるICT活用 ……………………… 114

ライティング編

英作文は丸暗記を歓迎する ……………………………………… 116
英作文は必ずフィードバックする ……………………………… 118
英作文採点方法 …………………………………………………… 122

COLUMN

スピーキングテストはどう取り入れる？ ……………………… 124

Chapter 5

これだけはやってはいけない 英語テストづくりの落とし穴

1 教科書和訳問題 ………………………………………………… 126
2 常識・背景知識で解ける問題 ………………………………… 130
3 ネイティブが解けない問題 …………………………………… 132

おわりに

Chapter 1

おさえておきたい
テストの基礎知識

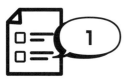# 1 テストには必ず「目的」がある

テストの目的

　「テストの目的は何か？」と問われれば，ひと言で言えば「その力・能力を測定するための手段」となるでしょう。アカデミックな定義としては不十分なものかもしれませんが，ザックリ言えばこんなところだと思います。しかし，私たち教員が考えなければいけないことは，「能力を測定することが一番の目的ではない」ということです。もちろん，入学試験などの何らかの理由で生徒たちを順位づけしなければいけない状況では，「能力を測定すること」は非常に大きな意味をもっています。しかし，中学校や高校（最近では，小学校も）では，このような順位づけをしなければいけないという状況は入学試験などを除けば，あまりありません。

　では，中学や高校で私たち教師がつくるテストの意味は「成績をつけるため」でしょうか？　これも違います……と言いたいところですが，「成績の説明責任を果たすためのテスト」という役割が一定であることが現在の教育環境の実態です。誰への説明責任かと言うと，生徒ではなく保護者です。授業の中での活動だけを評価して成績をつけたとするならば，保護者からの大きなクレームの対象となりうるでしょう。私個人としては，一発勝負のテストよりも，毎回の授業の活動を評価していくほうが，より正確に能力を測定することができるような気がしますが，それでは納得されない保護者がおられることも事実です。

テストはそもそも必要か？

　（定期）テストはそもそも必要か？　という大きな議題があります。しかし，本書では，この内容を扱わないことにします。私はこの本を「教室実践に根づいた本」として位置づけています。教室で日々授業を行っている先生

方に対して書いた本です。私たちは，否応なく，定期テストを作成し実施する義務があります。ですから，この「そもそも論」は扱いません。しかし，大変に重要な議論であることは明らかです。「テストがない未来の教育」というものがあるのならば，一度は経験してみたいものです。

教師に必要なテストの目的

　私が考える「中・高現場で働く教師が考えるべきテストの目的」は，次のようなものがあります。

> 「能力を測定し，順位づけすること」（入試など）
> 「『テストの力』を借りて，生徒の勉強を方向づけすること」
> 「自らの授業を振り返るツールにすること」

　そして，私が本書で最もお伝えしたい内容が，「『テストの力』を借りて，生徒の勉強を方向づけすること」です。そのことの詳細は本書の随所に書き記していますが，「能力の測定」や「振り返り」としての機能についても，次のページ以降に補足しておきたいと思います。

要点チェック！

　小テスト・定期テスト・入試などのテストには必ず「目的」があります。それぞれの目的を考えないままに惰性でテストをしていると，生徒はテスト嫌いになり，そのことが人生に大きく影響してしまう可能性があります。テストをつくるとき，いつも「目的」を考える習慣をもちたいものです。

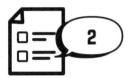

2 テストは２種類に分けられる

学校のテスト

　ここでは,「どんなテストがあるのか?」ということを紹介させていただきます。私たち現場教師が扱うテストには,次のようなものがあると思われます。

小テスト
インタビューテスト
定期テスト
実力テスト
入試（作問担当になれば）

　テストの形式はさておき（例えば,プレゼンテーションなどの発表活動をどのように位置づけるかという問題）,多くはこれらの中に該当するものばかりだと思います。上のテストを種類ごとに分けると以下の２つになります。

テストの種類

●**到達度テスト（Achievement Test）**
　あるクラスで習った部分（既習項目）が,どこまで身についているのかを測定するテストです。小テスト・定期テストなどはこれに該当します。

●**熟達度テスト（Proficiency Test）**
　クラスや学校に関係なく,一般的な力を測定するために行われるテストです。実力テスト・入試などはこれに該当します。問題の設定の仕方によっては,インタビューテストもこれに該当します（英検２次試験）。

2つのテストの特徴

到達度テストと熟達度テストの目的は大きく違います。

到達度テストには,
「『テストの力』を借りて,生徒の勉強を方向づけすること」
「自らの授業を振り返るツールにすること」

熟達度テストには,
「能力を測定し,順位づけすること」

という目的があります。本書は熟達度テストには焦点を当てず,到達度テストに絞って書いています。それは,小テストや定期テスト,形式によってはインタビューテストなどを意味しています。

「いやいや,定期テストにも『能力を測定すること』という目的があるよ」とおっしゃる方がおられるかもしれません。もちろん,その要素もあります。しかし,私たち教師は,授業の中で生徒と常に関わっているはずです。必然,生徒たちの能力についても,授業を通してある程度はわかっているはずです。前項で述べたような「成績をつけるための説明責任としてのテスト」という位置づけは理解できますが,「能力を測定するためのテスト」ということのみに特化して定期テストを実施することには,あまり賛成できません。

要点チェック!

本書は「到達度テスト」を中心に書いていますが,「熟達度テスト」もその社会的影響力の観点から考えて,とても重要と言えます。そちらのことに関しては,靜哲人先生の書かれた『英語テスト作成の達人マニュアル』(大修館)を読まれることをおススメします。

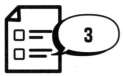

テストにとって大事な2つのこと
―妥当性と信頼性―

妥当性と信頼性とは？

　テストの話をするとき，「妥当性」と「信頼性」という言葉を無視することはできません。

> 妥当性・・・「測ろうとしているもの」を本当に測っている程度
> 信頼性・・・「測ろうとしているもの」を安定的に測定している程度

　これはフォーマルな定義ではありません。私なりに簡略化したカジュアルな定義になります。

「美しい景色」をカメラで撮影する

　「美しい景色をカメラで撮影してきなさい」という指示を受けた場合，読者の先生方はどのようなことを考えられるでしょうか。きっと，まずは「どのようなものが，美しい景色なんだろう？」ということを考えるのではないでしょうか。そして，カメラで（ピンボケなどをせず）ちゃんと撮影できるのかどうかということを確認することだと思います。

　これがテストにおける妥当性と信頼性です。つまり，

> 妥当性：ちゃんと「美しい景色」を選んでいるか。
> 信頼性：ちゃんと「美しい景色」をそのカメラで撮れているか。

ということになります。

妥当性の上げ方

　妥当性は「数字」で表せるものではありません。しっかり「測りたいものを測っているか」ということを同僚などとすり合わせをする必要があります。長文読解の力を測りたいとき，それに適した問題を出題できているか。そういう議論を同僚としなければいけません。

信頼性の上げ方

　信頼性は「数値化」することができます。その方法は長くなりますので省略しますが，信頼性を高めるためには以下のような方法が効果的と言われています。

> ・生徒に誤解されるような問題の出し方をしない。
> ・問題数を増やす。
> ・生徒のレベルに適した問題にする。
> ・採点者同士で採点の確認をする。

　これらのことは，もしかしたら「当たり前じゃないか！」と思われるかもしれません。しかし，こういった「当たり前」がテストではおろそかになっていたりするのです。

要点チェック！

　「良いテスト」というもの考えるとき，妥当性と信頼性という言葉を理解することは避けては通れません。この項では，簡単にしか説明していませんが，一度専門書などをお読みになってみてはいかがでしょうか。

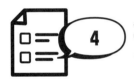

4 生徒にとって真に有益なテストにするために

実用性（Practicality）

　例えば，話す力を測定するために「1対1でのインタビューテスト」を行うとします。最も効果的に力の測定が行えますし，なおかつ的確なアドバイスも一人ずつに与えることができるので，非常に教育的です。ぜひ行うべきです。

　このことにはみなさん納得していただけると思います。しかし「では，やりましょう！」と言えば，ほとんどの先生方は「う〜ん……」となるでしょう。理由は「現実的に実施が難しい」からです。30人クラスであっても，1人1分のインタビューテストで30分ほどかかっています。もちろん，1人1分計画であったとしても，それほどスムーズに流れることはないので，1回の授業の中で全員に実施するのはほぼ不可能です。また，生徒の待ち時間の長さも問題になります。安易に「自習」などと課題を出してしまうと，トラブルのもとになってしまいます。

　このように，理想的ではあるけれど現実的に考えて実施が難しいテストのことを「実用性が低い」と表現します。パフォーマンステスト（インタビューテストやプレゼンテーション，Show & Tell など）が重要だと言われている昨今ですが，イマイチ現場に浸透していない理由には，この実用性の問題が多く含まれています。

真正性（Authenticity）

　私たちが生徒に求める英語の力は，「現実世界で使える英語の力」のはずです。「英語なんて使えなくてもいい！　点数さえ取れればいいんだ！」という教師はいないはずです（願いも込めて……）。だから，私たちがつくるテストも，現実世界にできるだけ近いものをイメージしなければいけません。

これを真正性といいます。

真正性には,「問題の真正性」と「本文の真正性」の2つがあります。

問題の真正性とは,現実に近い状況を問題設定できているかということで,「駅で流れるアナウンスを聞き取り,何番ホームの電車に乗ればいいかを答えなさい」というようなリスニング問題は真正性が高く,「空欄補充」のような現実生活の中ではおそらくないであろう状況は真正性が低いと表現できます。リーディング問題では,広告を使った問題や新聞記事などを活用すれば,本文の真正性が高いということになります。

考えすぎてもダメ！

実用性も真正性も,テストを考えるうえでとても大事な理論になります。しかし,私個人としては「考えすぎてはダメ」と思っています。例えば,真正性の中で「空欄補充は真正性が低い」と書きました。それは事実です。しかし,空欄補充の問題が生徒の学習に好影響を与えることにつながるのであれば,実施すればいいと思います。実際,私は「穴なし穴埋め問題」（Chapter4参照）という形式の問題を出題しています。それは,この問題形式が生徒の学習を方向づけすることに効果的だからです。真正性は低くても,教育的価値のあるものはたくさんあります。ですから,これらの項目は重要ではありますが,考えすぎないほうがいいと思います。正確に言えば,もっと他に考えるべきことがある！ということです。

要点チェック！

実用性と真正性について書きました。この他にも「影響」や「相互性」といった概念も存在します。テストはその社会的影響力からも,多くの考え方があります。No Test is Perfect. ですから,全ての理論を包括するというよりも,目の前の生徒たちにとって本当に有益なことは何かということを考えることが重要です。

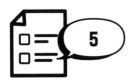 # 「波及効果」で生徒の力を伸ばす

最も重要な「波及効果」

　私が考える，最もテストで重要な概念は「波及効果」とういうものです。これは，

> テストが学習者に与える影響

という意味です。例えば，

> 音読テストを実施する→生徒は音読を練習する
> 単語テストを実施する→生徒は単語の勉強をする
> 長文速読テストを実施する→生徒は概要把握のトレーニングをする

ということが予想されます。これらの例はあまりにも安易かもしれませんが，テストの形式によって生徒の勉強方法が変わることは，私たち教師には想像に難しくないはずです。

テストを利用して，生徒の力を伸ばす！

　私はこの「波及効果」という考え方を利用して，生徒の力を伸ばすことをずっと考えてきました。本書の根っこにある思いは，この「波及効果」の効果的活用です。私が勤務してきた学校では，定期テストを実施することは「強制」でした。
　「だったら，テストの力を利用して，生徒の力を伸ばしてやろう！」という発想を私はもっています。私の教師としての理念は，

> 子どもの力（頭・心・体）を伸ばすこと

ですから，そのためにはテストだって利用します。私にとっての定期テスト実施の第一義は「生徒の力を伸ばすこと」です。テスト本来の目的である「能力の測定」ではありません。そのためには，どのようなテスト形式が，どのように生徒の学習に影響を与えるか，ということを知っておく必要があります。

　私はこのことを研究するために，多くの論文や書物を読みました。そして，教室の中で実施してきました。その中で私が「使える！」というものを本書で紹介させていただいています。データなどを取り，学術的証拠として検証したわけではありません。その意味では私の「感覚」でしかない部分があります。その点はご容赦いただきたいと思いますが，一人の教師が「波及効果」を念頭に置きながら定期テストと向き合ってきた軌跡がこの本になっているのだとご理解ください。

要点チェック！

　小テスト・定期テストなど，私たち現場教師が作成する機会が多いであろうテストは，「波及効果」を考えることが最も重要です。テストは生徒の力を伸ばすのに効果的なツールです。ぜひ，「波及効果」を考えたテストをつくりましょう！

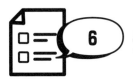 **テストの結果は授業の結果である**

教師の振り返りとしてのテスト

　この章の最後に，私の考える最も大切なコンセプトを再確認しておきます。それは，この章の中で何度も述べているように，

> テストは生徒の学力を伸ばすツール

であるということです。それは，生徒がテストのために行う勉強（テスト勉強）を利用して，学力を伸ばしていこうという発想のほかに，

> 私たちの日々の授業を見直すツール

としての機能も意味しています。優秀な先生方は，自らの授業を積極的に公開し，いろいろな参観者の方と意見交流する機会をつくられます。研修会などに参加したり，授業を録画して振り返りをされる先生方もおられます。こうした日々の研鑽の結果，授業の質は高まっていき，生徒たちの表情もキラキラしてくるようになります。しかし，

> 教師が教えたこと＝生徒が学んだこと

とはならないのが授業のツライところです。ある研修会で私が「教えたことの何パーセントぐらいを生徒さんは吸収されていると思いますか？」と尋ねたところ，平均で30％ぐらいだとお考えの先生が多いことがわかりました。つまり，70％の指導は失敗だったということです。

　私たちが授業力の向上を考えるとき，この現実に向き合うことがスタート

地点になります。「本当に30％程度なのか？」「70％は何ができていないのか？」「なぜ100％の理解になっていないのか？」こういう私たちの指導力の現実を，ウソ偽りなく教えてくれるのがテストなのです。テストの後，「あれだけ時間をかけて教えたのに……」と落胆したことがある先生も多いのではないでしょうか。私も数えきれないほどあります。しかし，それは私たちの指導の何かがまずかったのです。それを教えてくれるのがテストなのです。「教師の授業振り返りツール」とも言えるでしょう。

　私たちが授業を振り返り，授業力を向上させていくことができるなら，それは必ず「生徒の学力が伸びていくこと」に直結しているはずです。ですからやはり，「テストは生徒の学力を伸ばすツール」であると言えるのです。

要点チェック！

　テストの結果は，自分の授業の結果です。生徒たちに結果をしっかりと分析させるように，教師も結果をしっかりと分析しなければいけません。自分の授業を改善する方法は無数にありますが，スタートはこういった現実から始めるべきだと思います。

Chapter 2

生徒をテスト好きにする6つのアイデア

テストという言葉を使わない

テストアレルギー？

「テスト」という表現に無条件に拒否反応を示す生徒が時々います。「テスト」と聞くだけで，もう卒倒してしまいそうなぐらい拒否反応を示します。私の知らないところで，生徒たちはたくさんのプレッシャーを受け続けてきたのでしょう。プレッシャーを生徒に与えることを私は「良し」としていますが，ここまでの拒否反応が出ると別です。しかし，大多数の生徒には一定のプレッシャーを与えたい。しかし，テストに極度に拒否反応を示すこの子を無視するわけにもいかない。さて，困った……。

「テスト」→「チャレンジ」

いろいろ考えました。そして思い切って，「テスト」という言い方をやめることを決断しました。いろいろ試した結果「チャレンジ」という言葉が生徒にはしっくりきたようです。たったこれだけのことですが，生徒たちは多いに「チャレンジ」するようになり，失敗を恐れなくなりました。「子どもは単純だなあ」と思う反面，私たちが当たり前のように使っていた「テスト」という表記が，私たちの想像以上に生徒に意味があったのだと反省するきっかけにもなりました。「テスト」という表記が悪いとは思いません。しかし，私たちが考えている以上のプレッシャーを与えていることを意識して使う必要があるように感じています。

「チャレンジ」が使える場面

何でも「チャレンジ」に置き換えられるかといえば，そうでもありません。定期テストなどはその最たる例だと思います。

定期テスト→定期チャレンジ

　何となく腑抜けになってしまったようなイメージをぬぐえません。一定の重みを与えたいものの場合は，テストという表記がよく似合います。私の授業では，表記を次のように分類し，生徒にも説明しています。

> テスト→一発勝負
> チャレンジ→合格するまで何度でも挑戦できる

　私の授業で行っているテストの8割は「チャレンジ」です。英語教師の仕事は，「教える」だけではなく，生徒の英語力を「評価」することでもなく，「できる」まで導くことです。その意味で「チャレンジ」という表記は私の指導理念とピッタリです。

労力は増えます……

　たったこれだけの変化ですが，生徒の心的ストレスは大幅に下がり，その分意欲が上がります。失敗を恐れなくなります。失敗を恐れなくなる分，失敗する量も増えるので，教師の労力は増えますが，生徒が目の前で自分の力を伸ばすために悪戦苦闘している姿は，同時に私たち教師の栄養にもなるのではないでしょうか。

要点チェック！

　「チャレンジ」という表記をする場合は，同僚の先生方や管理職などにも確認をとっておいたほうがいいかもしれません。チャレンジとはいえ，やっていることは成績に入る「テスト」です。リスクマネジメントの意味も含めて，確認しておきましょう。

定期テストの比率を下げる

成績のつけ方を公開

　生徒に成績のつけ方を公開しておられますか？　これには，学校の事情が関係してきます。成績は非常に重要なことですから，一個人の見解だけで動いてはいけません。しかし，もしも可能であるならば成績のつけ方は公開するべきです。例えば，私がある中学校に勤務していたときは，

```
定期テスト（中間・期末）・・・70点
小テスト（グルグル）・・・・・15点
暗唱テスト・・・・・・・・・・ 5点
活動への取り組み・・・・・・・10点
```

とアナウンスをしていました。そして，第1回の授業ガイダンスで，それらの詳細を説明していました。ちなみ，「定期テスト7：平常点3」ということが英語科の中で決められていたことです。私は「平常点3割」の部分をもう少し詳細に生徒に説明していました（活動への取り組みなども詳細に説明していますが，紙面の関係で割愛しています）。

テストの比率が高いと……

　このように，成績のつけ方を公開すれば，何をどのように勉強すればいいのかが一目瞭然です。しかし，上記の例では「定期テストだけ頑張ればいいや……」と生徒たちが考えてしまう可能性があります。実際，定期テストで満点を取ることができたら，成績はずいぶんよくなってしまうのです。テストを利用して生徒の力を伸ばすことは可能ですが，やはり日々の授業のほうが生徒の力を伸ばすことができるのは明らかです。

しかし，このような成績基準では，生徒がテスト重視の勉強をしてしまうのは無理ありません。その結果，テストで思ったような点が取れなかった場合に，成績が下がり，英語が嫌いになってしまうという悪循環が生まれてしまいます。

テストは「授業」である！

　私は「テストは授業」と思っています。ですから，定期テストも１回の授業でしかありません。必要以上に生徒に負荷をかけすぎてはいけないように思います。もっともっと定期テストの比率を下げるべきだと考えています。できれば「定期テスト３：平常点７」のような極端な改革ができればいいと思っています。そうすることで，私たちが日々の授業の中で何を評価するべきなのかが精査されていき，必然的に授業も磨かれていきます。生徒たちも日々の授業を大切にしていくことになるでしょう。

　私たちが「テストを大切にしよう」と思った瞬間に，問われるのは「テストの質」ではなく，「授業の質」であることに気づきます。テストと授業は，もはや「密接な関係」ではなく「一心同体」と言っても過言ではありません。すなわち「テストは授業，授業はテストである！」です。

要点チェック！

　テストを好きにさせるには，逆説的ですが，テストを嫌いにさせないことが重要です。多くの生徒は自分の成績を気にしています。それはごく自然なことです。「成績が全てではない！　もっと大事なことが他にある！」とは思いますが，成績を気にする生徒を責めても仕方ありません。むしろそういった生徒の実態を利用しながら，授業を進めていくことが重要だと思います。

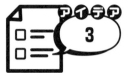

テストのバラエティ&頻度を増やす

毒を持って，毒を制す!?

「テストなんて嫌だ〜！」「またテストだ……」こんな言葉を生徒から聞くことがあります。私などは慣れっこですので，そよ風ぐらいにしか感じませんが，気にしてしまう先生方も多いのではないでしょうか。

生徒の中には「テスト＝成績」という公式が勝手に成立していますので，生徒の言葉を正確に記すならば「成績を左右するテストのプレッシャーが嫌だ〜！」ということになるのでしょうか。

これを解決する方法があります。それは，**テストの頻度を増やす**ことです。つまり「毎日テスト」です。日々の授業の中に１回はテストのシーンが入るようになれば，理想的です。最初のうちは，生徒にもプレッシャーがかかりますが，１ヶ月もすれば生徒たちも慣れてきます。テストが日々の授業の中に位置づくと，授業がピリッとするスパイスにもなりますし，生徒たちの学習状況を常に把握することにもつながります。

毎回テストのポイント

テストの頻度を増やすことは大切ですが，毎回のようにテスト問題をつくることは，日々多忙を極める私たち教師には不可能です。ごくまれにそういったことをされている超人的な先生方もおられますが，一般化することは無理だと思いますし，現実的ではありません。

では，どのようにすればよいか。考えられるポイントは，

- 教師の準備が極力少ないもの
- 継続的実施が可能なもの
- 学習への良い波及効果があるもの

おススメテスト① 「白紙でテスト」

　準備するものは「B5の紙を半分に切ったもの」だけです。何も印刷する必要はありません。氏名欄すら必要なしです。もしも毎回単語テストを実施するならば，この準備で十分です。また授業開始時に配布しておき，「今日の授業のまとめ」として2～3問出題することも方法です。授業の最後にそれが位置づくと，生徒も授業に集中するようになりますし，まとめてファイルしておけば，ポートフォリオ的な役割も果たします。

おススメテスト② 「グルグル」

　中学校・高等学校勤務時に，私がほぼ毎回の授業で行っていたのが，「グルグルメソッド」です。詳細は靜　哲人著『英語授業の心・技・体』(研究社)に記されています。この方法は，上であげた3つのポイントが全て含まれており，非常に効果的です。単発ではなく継続的に行うことで，ある時期から加速度的に力が伸びてきます。

要点チェック！

　紙ベースのテストから離れることが重要です。グルグル・暗唱テストなどの活動型のテストなどを組み込むことにより，生徒のテストのイメージが変わります。また，個人のテストに限定せず，ペアで受けるテスト，グループで受けるテストなどの工夫も重要です。テストにバラエティと頻度が増えれば，授業が変わります。

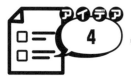 **一発勝負のテストをやめる**

なぜテストが嫌いなのか？

　まず大前提として，「生徒たちがテストを好きか，嫌いかは関係ない。力を伸ばすのに有益だからやるんだ！」というのが私の持論です。ですから，「テスト嫌いを何とかしたい！」とは，私は全く思っていません。ですが，テスト嫌いが生まれるメカニズムに関しては理解しているつもりです。それは「プレッシャー」です。部活動に励む生徒が最後の大会前に緊張するように，勉強に励んだ生徒であれば，そのテストはとても緊張するはずです。そういったプレッシャーと向き合う経験は，非常に重要です。しかし，毎日の授業で向き合わなければいけない経験ではないようにも思います。定期テストがその役割を十分に担ってくれているからです。

一発勝負ではないテストを！

　私が考えるテストの第一義は，「生徒の力を伸ばすこと」です。「能力の測定」ではありません。日々の小テストでは，それがより色濃く出なければいけません。ですから，一発勝負のテストをできるだけ避けるように心がけることが重要です。ある到達点を示し，そこに到達するまでは何度でも挑戦できるような**「チャンス」を確保**してあげるのが，授業であり，教師の授業マネジメント力だと思っています。

> 【例】
> 　テスト：教科書の14ページを，20秒以内にスムーズに音読しなさい。

というテストがあったとします。例えば，ある一人の生徒が緊張してしまい，20秒の制限時間を超えてしまった場合，その生徒には「合格できるまで何

度もチャレンジできるシステム」を確保してあげることが重要です。一発勝負のテストをやめることで，クラスの多くの生徒に達成感を与えることができるようになります。

相性の良いテスト

「一発勝負ではないテスト」ということは，再テストが可能だということです。私が掲げる原則は，次のようなものです。

- いつでも
- どこでも
- 何度でも

　これらを達成するためには，従来のテスト（ペーパー型）のイメージを払拭する必要があります。それは，「口」を使ったテストです。暗唱テストや，音読テスト，スピーキングドリル，グルグルなどが効果的です。
　これらのようなテストは，なかなか合格できない生徒たちほど燃えてきます。テストの課題設定として「あとちょっとで合格できそうなのに〜！」と生徒たちが感じるぐらいが適正です。やっとの思いで合格して「やった〜！」と喜ぶ生徒の姿は，教師をやっていてよかったな〜と思わせるに十分な姿です。

要点チェック！

　採点は「○か×か」の2択です。点数で評価してしまうと80点で満足してしまう人も現れてきます。目指す到達点が100点ならば，それを妥協しないシステムが必要です。限りなく合格に近い×であっても，×は×なんだと言い切ってしまう勇気が必要です。

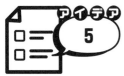
アイデア 5 加点式にして可視化する

小テスト一覧表

　私が日々の授業の中で行うテストは，全て「合格 or 不合格」で評価しています。そして，それを右のような表にして可視化するようにしています。このプリントは生徒に配布して自分たちで管理させ，時期が来たら回収します。

	To Do List	
Class ( ) No.( ) Name ( )		
	課題	合格
1	指示されたテーマで，ペアで 90 秒間会話を続けられる（90 seconds chat）	
2	RITS Q Level ① 初級編を 60 秒以内に言える	
3	RITS Q Level ① 上級編を 60 秒以内に言える	
4	RITS Q Level ② 初級編を 60 秒以内に言える	
5	RITS Q Level ② 上級編を 60 秒以内に言える	
6	RITS Q Level ③ 初級編を 60 秒以内に言える	
7	RITS Q Level ③ 上級編を 60 秒以内に言える	
8	The Old City Kyoto を暗唱して，30 秒で言える	

加点式のメリット

　加点法と減点法を比較したとき，「加点法のほうがよい」と思います。それは「0点＝何もしていない」という発想から，生徒がチャレンジするようになるからです。最初は0点だけど，それをどこまで伸ばせるのか，という方法のほうが，生徒のやる気は上がります。

可視化のメリット

　可視化することのメリットはいくつかありますが，大きくは，

> ①自分の進捗状況がわかる
> ②友だちと比較しやすい

というものがあると思います。友だちとの比較は「競争意識」を生みます。「負けたくない！」という思いが，勉強への動機づけになることは明らかです。競争意識を嫌う先生もおられるかもしれませんが，このシステムは到達度で評価するものですので，「クラス全員が満点で終わる」という理想的な状況もつくり出すことが可能になります。「協力意識」とは，競争意識を超えた先に芽生えるものです。競争することを避けて，協力することだけを訴えても，生徒たちは競争意識を超えることができません。このシステムを成立させるには「学級経営」や「授業マネジメント」の力が必要です。私は，生徒の英語力と同時に「協力意識」も育てられるシステムだと思っています。

具体的方法

　生徒が合格したあと，教師がチェックする必要があります。教務手帳にいちいち記入していては，時間が足りません。ですから，生徒のシートに教師のサインをして，それをどこかのタイミングで集めて成績をつけます。

　合格のサインは，最初のうちは教師がするのがいいと思います。中学1年生にはステッカーが効果的だと思いますが，3年生ぐらいになると，教師のサインで十分です。いずれにせよ，「ズルは見逃さないぞ！」という姿勢とシステムをしっかり構築する必要があります。

要点チェック！

　小テスト一覧表（名前は変えるべきです）は，厚紙などで印刷して，なくさないように指示します。なくした場合は「再発行」しますが，その場合は「0」からのスタートであることを伝えると，ほとんどの場合はなくしません。

アイデア6 予想問題をつくらせる

予想問題をつくらせるメリット

　まず，生徒が問題の形式に敏感になります。「この先生はどのような問題を出題するのかな？」と考えるきっかけになりますし，その裏にある意図を考えるようになります。また，クラス30人全員に問題をつくらせれば，30枚のワークシートの完成です。生徒への演習量を十分に確保できるものといえます。教師がつくった問題のほうを好む生徒もいますが，基本的には友だちがつくった問題を好む生徒のほうがほとんどです。

導入方法

　「予想問題をつくってください」という指示では，ちょっと味気ないですし，生徒たちの心に火をつけることはできません。

> 「先生の問題と全く同じ問題をつくれるのは誰かな？」
> 「クラスメートの平均点が〇点になるような予想問題をつくってみて！」

など，ちょっとひと工夫加えた発問にすることで，生徒にとってはチャレンジングな課題となります。やる気を起こすのは，「課題そのもののおもしろさ」と「教師の言葉かけ」だと思っています。

予想問題作成の指導

　基本的には宿題として与えます。作成期間に1週間ほど取り，試験2週間前に課題を提示します。ギリギリの提示だと生徒の勉強の妨げになる可能性があるからです。ただし，最初のテスト（おそらく，1学期の中間テスト）

のときだけは，授業時間内で予想問題をつくらせます。それは，その時点ではまだ担当者のテストがどのような出題傾向か生徒がわからないからです。担当者が過去に作成したテストを見本として提示して，「先生，どんな問題出しそう？　予想してみて。先生が見て回って，先生のつくった問題と似ていたら『いいね～』って教えてあげる」と言えば，1学期の中間の時期の生徒たちであれば，かなり燃え上がります。

　この指導はかなり重要です。生徒がつくった問題は「教師が出題するだろう」と予想してつくっているものですから，当然，勉強もその問題形式・レベルにあったものを行ってくるはずです。時々，的外れの予想問題をつくる生徒がいます。それは，その生徒の学習が的外れになっている可能性があることを示していますので，指導するチャンスとなります。

「先生がつくった予想問題」

　「先生も予想問題をつくったよ！」と言いながら，テスト1週間前ぐらいに配布します。そのプリントは，実際のテストの形式を完全に模倣し，難易度は実際のものよりも少し高く設定します。「よく当たる予想問題らしいよ」と言えば，生徒は「そりゃ，そうでしょ！」と言ってきます。その中から実際のテストにも同じ問題を出すようにすれば，より一層効果的なプリントになります。

要点チェック！

　生徒につくらせる予想問題は，その問題の質と導入方法が非常に重要になります。予想問題をつくることに，ワクワク感をもたせることが必要になります。そうでなければ，予想問題をつくることはただの負担としか感じないでしょう。

COLUMN
生徒が集中するテスト返却術

テストを返すタイミング

　テスト返却の日，私の場合は1時間を丸々使って行います。テスト返却における大きな活動は，一般的には以下の流れで行われているのではないでしょうか。

---

①テストの返却→②解答解説→③採点ミスの確認修正

　この方法には致命的な弱点があります。それは，「ほとんどの生徒が解説を聞いていない……」ということです。悲しいかな，これが現実です。しかし，考えてみれば，テストでは100点を取る生徒もいれば，0点に近い点数を取る生徒もいるわけです。そうなれば，100点を取った生徒が解説を聞く必要はありませんし，0点に近い点を取った生徒であれば，ショックのあまり放心状態になってしまうことだって自然なことです。解説中，一生懸命にメモを取っている生徒がいても，よくよく見てみると，テストの余白で自分の合計点や平均点の計算をしていることが多いはずです（笑）。テストの解説を一生懸命に聞く生徒は限られている，というのが現状だと思います。

　そこで私は，以下の方法で返却をしています。

---

①問題をグループでもう一度解かせる（問題は指定する）。
②グループでお互いに解説させる（わからない箇所は教師に質問）。
③教師の解説

④テスト返却
　⑤採点ミスの確認修正

　テストの点（自分の結果）は，みんなが知りたいものです。ですから，これを返すまでは集中力が持続します。何より答え（自分が正解かどうか）を知りたいと思う生徒の集中力は，とてもすごいです。そして，生徒が集中して聞いた話であれば，記憶にもきっと残ることでしょう。

テスト返却時にはコメントを添えて

　テストは生徒ががんばった証です。本当に努力をしていれば，点数が伸びたときには心から喜ぶし，思ったような結果が出なければ，涙を流す生徒だって珍しくありません。生徒の心が動く瞬間です。その瞬間に声をかけずして，何が生徒指導なのでしょうか。私は，テスト返却をするとき，必ず一人ひとりにコメントを添えて返しています。どんな言葉をかけるのがベストなのかは，その生徒と真剣に向き合ってきた教師にしかわからないものです。ですが，がんばった生徒に「がんばったね」のひと言を優しく伝えてあげるだけでも，生徒は成長します。信頼関係を結ぶこともできます。私の場合，卒業式や行事以外で生徒が一番涙を流すのが，テスト返却時です。

　テスト返却はタイミングが命です。すぐに返さずに焦らして返すのがベストです。ただし，あまり焦らしすぎると授業時間内に返しきれなかったことが私には何回かあります。時間配分にはいつも以上に気を配る必要があります。

Chapter 3

テストを劇的に変化させる 8の原則

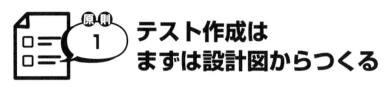
原則1 テスト作成はまずは設計図からつくる

テスト作成開始の時期

　定期テストを作成するとき，いつぐらいの時期から開始されるでしょうか？「理想的」であり「模範的」な回答は，4月です。私たちは授業が始まる4月頃には，「今年は生徒をこんなことができるように成長させたいなあ」とゴール（到達点）を描いているはずです。そして，定期テストとは，到達度テストですから，「こんなことができるようになっている」というものを具現化したものになります。授業の中で到達点が変わってしまうことは，本来はあってはならないことですから，**4月段階で1年間全てのテストを完成させ，そこに向かって授業を進めていくのが，本来のあり方です。**

とは言っても……

　私も数年間，この実践に挑戦してきました。しかし，現実はなかなか難しかったです。こちらの想像よりも生徒たちが成長し，「もっと上のことにも挑戦させよう！」とテストを上方修正したことも何度もありましたし，逆のこともありました。学年を複数の先生で指導しているときは，先にテストをつくっていると「ありがたい！」とおっしゃってくださる先生もおられましたが，ギリギリになって「やっぱりここの問題をこうしてほしい」と変更をお願いされることもしばしばありました。
　また，4月の多忙な時期にテストを作成することは，私にとってはかなりのオーバーワークになってしまった年もありました。「理想的」ではありますが，現実的には難しいかな……という思いが私の中にはあります（誤解のないように付け加えますが，4月にテストを完成させることは，とても理想的です。ぜひチャレンジしてみてください。授業が大きく変わりますし，テスト前に慌てることがなくなります）。

4月にすべきこと

4月に定期テストを完成させることは理想的ですが,現実的ではないかもしれません。しかし,「無理だよね」では,現状の教育を超えることはできません。ですので,4月段階では,テストの設計図だけでも作成しておくことをおススメします。

テストの設計図とは,次のようなものです。

・能力ごとの配点を考える
　（リスニング35点　リーディング35点　文法30点）
・問題形式を考える
　〔リスニングの例〕
　　ダイアローグ形式…………10問
　　モノローグ形式（短め）…5問
　　モノローグ形式（長め）…5問

ここまでは4月時点で作成しておくべきだと思います。余裕があれば,配点まで決めてしまうのが理想的です。このような簡易なものであったとしても,テストの設計図をつくることは,一つの学年を複数の先生で教えている場合には必ずやらなければいけないことです。そうしなければ,テスト作成者のクラスの平均点だけが上がってしまうことが容易に予想できるからです。

能力ごとの配点を考える

　細かい問題の配点までは決める必要はありません。おそらく100点満点でテストをつくらなければいけない状況の学校がほとんどだと思いますので，配点は当然，問題数によって変化します。ですが，能力ごとの配点ぐらいは決めておくべきでしょう。多くの場合「リスニング」「リーディング」「ライティング」「文法」というような分類になるかと思います。「文法」という分野の扱い方は難しいかもしれません（何が文法で，何がリーディングなのかという線引きが難しいという点で）が，観点別の評価との関係で決定しておくといいと思います。特に「リスニング」は明確にしておくべきです。

問題形式を考える

　次に問題形式を決定しておきましょう。例えば，先に書いたようなリスニングの問題形式でもいいでしょうし，もっと細かく書いてもいいかもしれません。読解なら，内容把握を英問英答で答えさせるのか，多肢選択型の記号問題にするのか，などです。

可能であるならば，大問（全部でいくつのパートのテストなのか）や，全体の問題数，配点なども決められるといいと思います。ここまでできれば，テストの難易度の調整はあとでいくらでもできますし，テスト作成も楽になり，何より授業がブレないものになります。

未習の英文素材を定期テストで扱う場合

　また，定期テストで「未習の英文素材」を扱うのかどうかも決めておかなければいけません。未習の英文素材を扱った場合，それは実力テストになってしまいます。定期テストは原則として，「生徒が対策を立てられること」が大切ですので，未習の英文素材を扱う場合は，慎重にならなければいけません。ですから，「最初にその素材を決めておき，その英文が読めるようになるための授業設計」を考えることが必要になってきます。「授業でいろいろ英文を読んできたから，このレベルの英文は読めるだろう」という安易な形で未習の英文素材を出題すると，それは定期テスト（到達度テスト）ではなく，実力テスト（熟達度テスト）となってしまいます。

要点チェック！

　テスト作成は設計図からつくりましょう。「第1問目は……」と目の前の問題からつくり始めてしまっていませんか？　そうすると「到達度テスト」にはならず，「現状でできるレベルのテスト」になってしまいます。つまり，「テストで力を伸ばす」のではなく，「今の生徒たちならこれぐらいの問題なら平均点70点ぐらいになるだろう……」という発想になってしまうのです。テストで力を伸ばすためには，第1問目からつくり出すのではなく，全体像の設計から考えなくてはいけません。同じ学年を複数の教員でもつ場合には，テストが「共通のゴール」になります。その意味でも，設計図を入念に考えることが重要です。

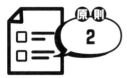

原則2 生徒にはテスト形式を予告する

テストは教育活動である！

　テストを実施する際に，生徒に「どんな勉強をすればいいのだろう……」という思いを抱かせてはいけません。本書で何度も繰り返し述べていますが，テストは生徒の学力を伸ばすためにあるものです。このテスト（もしくはテスト勉強）という経験を経て，生徒の学力が伸びていないのであれば，定期テスト（小テストなども）としては失敗だということをくれぐれも認識しておかなければなりません。テストは教育活動なのです。

テスト形式を予告する

　どんな生徒であれ，「テストの問題さえわかっていれば，勉強する」はずだと思います。しかし，どんなテストなのか全くわからない状況では，「この勉強をしても意味あるのかな？」「これはテストに出るのかな？」という不安な気持ちを生徒に抱かせてしまうかもしれません。そして，そういう気持ちが生徒の勉強する気持ちを奪っている可能性があるということを，私たち教師は知っておかなければいけません。

　望ましいのは，「生徒がどんなテスト問題が出るのかをある程度知っていて，対策（テスト勉強）を自分ですることができる」という状態です。「これをしっかりやっていれば大丈夫！」という思いをもって生徒が勉強してくれ，さらにその方法が英語習得の観点からも望ましい方法（方略：ストラテジー）であることが，最高の状態なのです。ここを目指さなければいけません。ですから，生徒には**事前にテスト形式を予告**してしまいましょう。テスト形式を予告することで，生徒の学習をある程度方向づけすることができるようになります。

どこまで予告するのか

　答えとしては，「可能な限り」です。問題数，大問の種類と数，問題形式，配点などなど，可能な限り全てを公開できればベストです。ただし，「可能な限り」でいいと思います。全てを公開することは，生徒の学習の好影響が出るというメリットもありますが，一度予告してしまったのであれば，もう変更することはできない，というデメリットもあります。ですから「可能な限り」という表現をしています。特に，複数の教師で学年を教えているときには，事前に入念な打ち合わせが必要になります。しかし，どのような形であれ，問題形式は公開するべきだと思います。ここを公開しない限り，予告することの本質をなさないからです。

いつ・どのように予告するのか

　ここから以下に書かせていただいている文章は，数年前に私が書かせていただいた文章です。一部を変更してここで紹介させていただきます。

●テストフォーマット公開の最強の方法—模擬テストの活用—

　定期テストを「英語学習を促すための最強のツール」にするためのポイントは，①授業前にテストフォーマットができている，②そのフォーマットを生徒に公開できる，ことが大事です。私は，テスト問題の予告を「定期テスト予想問題」と名づけ，「こんな感じでテストするからなあ。しっかり勉強しろよ！」と言われる先生たちと何名かお会いしたことがあります。大変すぐれた実践だと思い，たくさん真似をさせていただきました。「予想問題」とはお見事です。なぜなら，あくまで「予想」だからです。「はずれても責任は取らないよ〜」とでも生徒に伝えておけば，何かしらの理由で直前に変更しなければいけなかったとしても，生徒にしっかりと説明（理由づけ）ができるからです。

　私はそれらの実践を少し違う形で試しています。それが「模擬テスト」という形式です。

方法は簡単。テストフォーマットを事前に完成させたなら，あとはひたすら問題を作成します。テスト1回分の作成ではなく，3～4回分のテストを作成します。そしてその中の一つを，テスト1ヶ月前に「模擬テスト」として実施するのです。テスト1ヶ月前というのがミソです。私が中学3年生を担当していたときの1学期期末テストの前に行った模擬テストでは，平均点が40点でした（もちろん100点満点で）。一生懸命に教えている立場の人間としてはショックな点数なのですが，これも想定の範囲内。むしろ，ここが最大のねらいなのです。採点をして返却をすると，生徒は「ちゃんと勉強してるつもりやったのになあ」と口々に言います。どこかで聞いたことのある感想ではないでしょうか？　そう，定期テストを返却したときによく生徒が言う言葉です。テスト直後の生徒は「もっと勉強すればよかった」と必ず思うものです。「次は頑張ります！」と言うが，その気持ちが次のテストまで続く生徒はなかなかいないのが現状です。しかし，その「テスト後」の感覚を「テスト前」につくってあげることができるとしたらどうでしょうか。教師としてこんなに素敵な魔法はないのではないでしょうか。その魔法をかけてあげるのが，この模擬テスト最大のねらいなのです。次は，模擬テスト直後の生徒の感想です。

　今日の模擬テストは，すごくスペルミスとか簡単なミスが多いので，もっと勉強したいと思います。点数はとてもショッキングな点だったので，とってもくやしいです。日曜は英作文の練習をたくさんしたいと思います。

　こういう感覚を抱かせるためであれば，平均点40点の問題は成功と言えるし，何と言っても1ヶ月前というのも効いてき

ます。1ヶ月前だと「なんとかなる！　手伝うし，頑張ろう！」という教師の言葉に信憑性が出ますし，生徒も「1ヶ月あればなんとかなるかも」と思うようです。

● やる気になった生徒をどうするか？

　模擬テストがうまくいった結果，ほとんどの生徒が「やる気」になります。しかし，そこで終わってしまっては「最強」とは言えません。さらに，学習到達度の違う子たちも多いので，学習の「個別化」を図る必要があります。生まれた「やる気」と「個別化」を生かすには「プリントおかわりシステム」が役に立ちます。定期テストと同じフォーマットの問題プリントを何枚もつくり，教室においておきます（こういうときに英語教室は便利）。生徒は1枚ずつ取りにきてプリントに取り組みます。終わったら答え合わせ。解答のプリントも用意しておきますが，「先生に採点をお願いしてもいいよ！」と選択肢を与えておきます。こういうちょっとした「選択肢」が多い授業が，良い授業だと私は考えています。

　こうなると，自立した生徒は自分で答え合わせをしますが，だいたいの場合は私に採点をお願いしにきます。こういう生徒のほとんどは「コミュニケーション」を求めています。中学生は特に「先生，聞いてください！」というようなことをよく言います。かまってほしがるのがこの時期の特徴だと思っているので，目の前で採点する時間を利用してコミュニケーション

をとったりします。授業内で先生と1対1で会話をすることを,生徒は意外と喜びます。また"Please check my answers."という簡単なクラスルームイングリッシュを言わせるチャンスにもなります。そして,そのプリントが合格すると「おかわり」で次のプリントが用意されているので,次のものに取り組みます。プリントの問題が定期テストと同じフォーマットであることや,「進度表」などがあるので,生徒はこぞってプリントをしたがります。もちろん,このプリントの進度などは一切成績に入れませんし,生徒にもそう伝えています。

● やる気が出ない(なくした)生徒をどうするか？

　あまりいませんが,中には数人「希望をなくした」という生徒が現れたりします。模擬テストでの点数があまりにも悪く,「自分は英語ができない」と考えてしまう生徒も中にはいるものです。「自分はできない」と思わせない工夫も,ときには大事だとは思いますが,私は「勉強不足」とはっきり突きつけて,そのうえで「どうしていこうか。一緒に頑張ってみようか」と寄り添ってあげることも大事だと思っています。そうすると,生徒は「お願いします」と言います。「まだ1ヶ月あるから,なんとかなるかも」と心の底では思っているかもしれません。その意味で1ヶ月前に模擬テストをすることに価値があるのです。

やる気が出ない生徒に対してのアプローチはいろいろあると思いますが，基本的には「強制」が必要だと思っています。いわゆる「強者」に対しては，教室まで「お迎え」に行き，横に座りながら指導します。ここでもテスト。「このテストで合格したら，帰ってよし！」としています。そのために，単語，文法を確認しながらやっていくことになります。これはホームルーム教室ではなく，違う教室を利用するようにしています。そこには強制メンバーにプラスして，「来たい人は来てもいい」という自由参加にしています。「おかわりプリントシステム」が生きるので，生徒は空いている時間にやってきます。授業内でペア学習などをしているのであれば，「ペアの人はできるだけ助けてやってなー」と声をかけると，かなりの率でやってきます。先生が横に座っているということと，周りが自主的に頑張っている姿はかなり「効く」ようです。

要点チェック！

　数年前に書いた文章ですが，今と基本的な方法や考え方は変わりません。テストは教育活動です。この前提を忘れてはいけません。生徒の力を伸ばすために授業があり，テストがあります。「テストで生徒を縛りつける」という発想ではなく，「テストを利用して，生徒の力の伸ばす」という発想の転換が必要です。そのために「テスト形式の予告」は必要不可欠なのです。手間はかかりますが，テストを予告することの効果は絶大です。試されたことのない先生は，ぜひお試しいただければと思います。

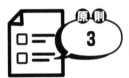

原則3 問題文はわかりやすさと簡潔さの工夫をする

テスト問題にタイトルをつける

　中間テストなのか，単元テストなのか，小テストなのか。実施時期はいつなのか。そういう情報をテストに明記することはデータ管理のうえでとても大切です。誰が見ても，いつどこでどういったテストなのかが一目瞭然になるようにすることが大切です。昔と違い，今は問題データのやり取りが簡単になりました。同じ学校の先生に引き継ぎ資料として渡す場合も多くあります。後々わかりやすくするためにも必要なことです。

　私の場合，白紙の解答用紙を渡すことも少なくありません（68ページ「問題は白紙で楽をする」参照）。その場合も，余白に日付を書かせます。

何を測っている問題なのかを明記する

　【単語問題】【リスニング問題】【リーディング問題】などを明記するということです。こういう言葉があると，生徒は「お，この問題はこれが問われているんだな」ということを意識しますし，テストなおしをするときなどに「自分は○○が弱いんだなあ」と自己分析をしやすくさせる効果もあります。【知らない単語を文脈から推測する問題】【長文のおおまかな内容を把握する問題】など，より詳細に書くことができれば，そのほうが望ましいです。

指示文は簡潔にわかりやすく

> 　次の文章を読み，本文の内容と一致していないものを選びなさい。

　こんなふうに何気なく書かれている問題文ですが，学年が100人以上いるのであれば，「え?!　一致しているものを選ぶんじゃないの?!」と問題文を

読み違えて解答してしまう生徒が数名は出てくるのではないでしょうか。「問題文をよく読んでいないから悪いんだ」と正論を振りかざすことは簡単ですが，私には意地悪にしか見えません。時間制限のあるテストの中で，問題文の日本語を読み間違いがないように丁寧に読んでいる生徒は少ないはず。大人だって，この手の問題文は丁寧には読まない人が多いのではないでしょうか。

　解決策が必要です。例えば，

> 次の文章を読み，本文の内容と**一致していない**ものを選びなさい。

と強調して，余計な間違いを減らす工夫が効果的かもしれません。

　また，心配になりすぎて「誤解がないように」と，ダラダラと日本語の文章を書くこともよくありません。テストの時間を無駄に奪うことになりますし，余計な誤解を生みかねません。問題文は簡潔にわかりやすくしましょう。

要点チェック！

たかが問題文です。しかし，ちょっとした工夫を習慣化することで，生徒の余計な混乱を防ぐことになります。英語のテストは英語のテストであり，日本語のテストではありません。できるだけ問題に集中できるように環境を整えてあげるのも，テストづくりにおいては重要なことです。

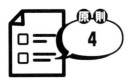

ターゲットテストを分析する

テスト形式は入試問題を参考にせよ！

　先述の「テスト形式を予告する」でもあるように，私たちがつくるテストの形式は，年間を通じて大きく変更がないほうがいいように思います。では，どのような思いをもって，私たちはテスト形式を考えるべきなのでしょうか。

　もちろん，私たちがテストの「波及効果」を研究し続け，目の前の生徒たちの力を伸ばすのに最も効果的だと思われる形式を常に提示し続けるのが一番望ましいことです。しかし，日々多忙な私たちの業務の中，「波及効果の研究（勉強）をし続けること」は望ましい行動であるとわかっていながら，現実的には難しいことです。そうであるならば，私は**「ターゲットテスト」**を参考にしてみるのがいいのではないかと考えています。

　ターゲットテストとは，多くの生徒が受けるであろうテストで，かつその影響が大きいものを指しています。中学校なら「該当都道府県の公立高校入試問題」などです。公立高校入試問題などは（いくつかの例外はありますが……），本当によくつくられた良問ばかりです。そして，その都道府県がもつテスト形式は基本的には大きくは変わりません。もしも中学校の先生であるならば，自分が教える生徒たちの多くが受けるであろうその入試問題をしっかりと分析しなければいけません。

> 　　この問題の意図は何か？
> 　　この配列（配点）の意図は何か？
> 　　何ができるようになっていることを求められているのか？

　そういう意図が入試問題には必ずあります。それらをしっかりと吟味し，

分析し,「中学校卒業時には,こういうことができるようになっていることを求められているのだ!」ということを理解したうえで,私たちは定期テストなどの問題形式を考えていくべきでしょう。

入試問題の形式と同じ形式の定期テスト

　私が公立中学校で勤務していたときは,定期テストの形式のベースを公立高校入試問題と同じ形式にしていました。例えば,最初はリスニングの会話文,それから長文の聞き取り,などです。入試問題と同じ形式で問題をつくり(もちろん難易度は違います),それをベースにしながら各問のマイナーチェンジをしていました。

　高校などであれば,これからの時代のことを考えてTOEFLなども参考になるかもしれませんし,いくつかの大学の入試問題を分析して,共通する問題の形式などを参考にしてもいいかもしれません。

　ただし,テスト形式を真似ていることに安心してはいけません。あくまでも「ベースはそれでいいのではないか」という提案です。もちろんそれも,それらの問題に込められた意図などをしっかりと分析して使わなければ,テストを「学力を伸ばすためのツール」として,十分に活用することができません。そのあたりは,常に意識をはらわなければいけないでしょう。

要点チェック!

　テスト形式を最初に考えるとき,波及効果の勉強を続けている人でない限り,「どうしようかな……」とつまずいてしまいます。そんなときは,入試問題などのターゲットテストを分析して,参考にしてみてはいかがでしょうか。

原則 5　問う能力は一つに絞る

何のテスト？―問題のもつ情報性―

　こんな問題があったとします。

> 　今から流れる英文を聞いて，それに対する自分の考えを，8文以上の英文で答えなさい。ただし，解答文の中には，以下の英単語を使用すること。
>
> 　　　　environment,　　acid rain,　　temperature,

　この問題をどうお考えになるでしょうか。例えば，これが「授業内での課題」やタスクとしての位置づけであれば（状況にもよりますが），それほど悪い問題設定ではないと思います。ヒントの単語から察するに，環境問題に関することでしょうから，教育的にも望ましいものでしょう。
　しかし，定期テストの問題となると話は別です。この問題の何が悪いのか？　採点方法をどのようにするのか，という問題もありますが，それよりも何よりもこの問題のポイントは，「問題のもつ情報性が少ないこと」です。つまり，

> 　この問題に正解するということは，その生徒は何が「できる」のか？
> 　この問題に不正解だということは，その生徒は何が「できない」のか？

　そういったフィードバックとしての機能に乏しいのです。平たく言えば，この問題を間違えてしまった原因がたくさん想像できてしまうということです。最初のリスニングができなかったのか？　自分の考えが浮かばなかったのか？　英作文ができなかったのか？　ヒントの単語の意味がわからなかっ

たのか？

　この問題は，不正解の要因を特定することが困難であり，それは情報のフィードバックとしての機能が弱いことを意味しています。

　この問題は，複数の能力が複合的に混ざり合った「総合問題」と言われるものに分類されます。授業内の課題であれば「総合的な能力」が必要とされる課題設定は良問とされていますが，テストでは別です。

　テストでは，可能な限り，一つの問題で一つの能力を問うような問題でなければいけません。リスニングならリスニング，英作文なら英作文です。そのほうが，生徒たちは自分たちの弱点分析がしやすいのです。

必要以上に神経質にならない

　もちろん，リスニングにも「全体の意味内容の把握」「子音の聞き取り」「リエゾン（リンキング）の聞き取り」など，様々な能力に細分化されます。どこまでも細分化しているとキリがありません。ですから，「可能な限り」とは，その言葉の通りで，「これは本当に一つの能力しか問うていないだろうか……？」などと難しく考えすぎてはいけないということです。「だいたい」で十分です。あまり考えすぎると，テスト問題はつくれなくなってしまいます。もっと大事なことは，その問題がもつ生徒への影響（学習への波及効果）を考えることです。たとえ複数の能力を測定していたとしても，それが生徒の学習方法に良い影響を与えるのであれば，良問だと私は考えます。

　大阪府の公立高校の入試では，「読んで」→「聞いて」→「書く」という新傾向の問題も出題されています。実力テストとしては「アリ」ですが，定期テストでは慎重にならなければいけません。

要点チェック！

　複数の能力を問われるテストは，テスト対策がやりにくいのです。また，「何ができないのか？」という情報が乏しくなります。「可能な限り」，一つの問題で一つの能力を問うようにするべきだと考えています。

原則6 問題は易→難の順番にする

テストプレッシャー

テストプレッシャーという言葉があります。読んで字のごとく、テスト受験者がテストを受ける際に感じるプレッシャーのことです。「テスト不安」という言い方をする場合もありますが、私たちにも経験的に理解できることだと思います。

プレッシャーを完全に排除することは難しいです。しかし、極力排除してあげるようにするのが、私たち教師の仕事であると思います。

なぜテストプレッシャーを排除するのか？

答えは、

> 生徒が自分の力を十分に発揮する環境を整えるため

です。「このテストは君たちの人生を決めるものだ！ 失敗は許されない！ しっかり頑張るんだぞ！」などの声かけは、生徒に過剰なプレッシャーを与えることになり、パフォーマンスを十分に発揮することができなくなってしまいます。

しかし、そうは言っても、「このテストは重要だぞ！」という情報を生徒に伝えなければいけない状況もあるので、なかなか難しい問題です。

問題の出題順番

大事なことは、**生徒が最高のパフォーマンスをテストで発揮できるようにすること**です。そのためには、問題の出題順番も大切になってきます。

> 簡単な問題→難しい問題

　このように並べるのが良いと思います。最初の問題に難しい問題がくると，生徒に「今回のテストは難しいな……」という印象を与えてしまいます。すると，あとに出てくる簡単な問題も「難しいのでは……？」という印象のまま取り組んでしまい，本来なら解ける問題が解けないという状況が生まれてしまいます。本来の力が発揮できないのです。

問題の難易度は測定できるのか？

　できます。項目応答理論というものを活用することで「項目難易度」を測定することができます。しかし，私たちが日々のテスト作成の中にこの項目応答理論を取り入れていくことは，やはり日々の業務を多忙にしていくだけで，あまり現実的ではありません。一度専門書などを読まれて，取り入れられる部分から取り入れられるのがいいのかなと思います。

　項目応答理論を取り入れないとすると，私たちはどのように問題の難易度を測定するのか？　これはもう教師の勘以外ありません。ふざけているように思われるかもしれませんが，私は大真面目です。なぜなら私たち（教師）がつくるテストの対象は，大抵の場合は私たちが**顔も名前も知っている生徒たち**です。授業の内外で関わりをもっている生徒たちですから，その生徒たちが感じる難易度は，それは授業で関わっている先生にしかわかりません。

　感覚で解決することはよくないことですが，こういう職業人がもつ「勘」というものも大切だと信じています。

要点チェック！

　テスト問題の順番は，生徒は無意識のうちに「易→難」だと思い込んでいます。多くの生徒にとって「第1問」は一番簡単な問題だと信じているのです。そういった生徒の心情を配慮して，生徒の実力を発揮できるようにしてあげましょう。

原則7 余白・イラスト・フォントなどを軽視しない

余白を大切に

　学年が上がるにつれて，テストの中で扱われる英語の量が増えてくるはずです。読解問題の長文も「長」文と呼ぶにふさわしい分量になるでしょう。ところが，英語嫌いの人のほとんどは，長文を見た瞬間に「無理！」とアレルギー反応を起こします。それは，大人になっても続いているようで，私は「長文アレルギーが，英語苦手意識に直結している」と感じています。かといって，文章量を減らすわけにもいきません。一定の長文は読めるようになってほしいわけですし。

　そんなとき，私たちが意識しなければいけないことは「余白」です。印刷機の関係で4の倍数でページ数を収めたい場合が多いかと思いますが，**改行・改ページなどは大胆に行い，余白を多くつくる**ようにしましょう。これだけでも，生徒たちが感じるストレスは大きく下がります。また，長文問題の場合は，1ページ，もしくは，見開き2ページに収めるようにしましょう。2ページの場合は，問題文も含めての話です。なぜなら，長文問題のときに，ペラペラとめくりながら問題を解いている生徒を時々見ますが，これは生徒が感じなくていいストレスだからです。余白を活用して，生徒たちの余計な労力を避けるように意識しましょう。

イラストを大切に

　英検やTOEIC／TOEFLなどの問題を見ると，必ずイラスト（写真含む）が使用されています。イラストが内容理解の補助になるだけでなく，生徒を文字だけの重圧から救ってくれる役割もあります。長文問題との相性もよく，「メールのやりとり」ならば，PCのモニターをイメージした枠のイラストで囲うことで雰囲気が出たりしますし，「広告ふう」の問題も増えてきまし

た。これから導入されるであろう小学校の英語テストでは，内容理解の問題として，「最も適切なイラストを選べ」という問題が増えることと想像できます。イラストはテストにおいて重要な役割を担っています。イラストはどんどん活用しましょう。

しかし，私たちが気をつけなければいけないのは，著作権です。教育に関する著作権は，世間一般で用いられている著作権とは違うルールが適用されることがあります。イラストを扱うに当たり，著作権の問題は私たちが真剣に学ばなければいけない内容です。

フォントを大切に

私はほとんどの場合「comic sans MS」というフォントを利用しています。丸みがあり，生徒たちにも人気のフォントです。このフォントの良いところは，「a」を「a」と表記できることです。ただし，大文字の「Y」が「Y」と表記されてしまう問題があります。どんなフォントでも一長一短です。

どのフォントでもいいのですが，授業で使っているフォントとテストのフォントが変わらないことが重要です。また，あまり固いフォントはよくありません。抽象的な表現で申し訳ありませんが，固いフォントは「読む気をなくす……」と生徒は言います。たかがフォント，されどフォントです。一度，生徒たちにアンケートを取ってみるといいかもしれません。生徒がどのように感じているかを知るきっかけになりますし，「この先生は，こんなことまで気を配ってくれているんだ……。すごい！」となるかもしれません。

要点チェック！

テストのデザインは，生徒たちの心理的負荷を下げるためにとても重要です。余白は贅沢に。イラストはふんだんに。フォントは読み手に優しいものを。たったこれだけで，生徒の気持ちはずいぶんと変わってくるものです。外部テストなどは，これらのことによく気を配っています。ぜひ，参考にされてみてはいかがでしょうか。

 配点は均一にする

配点による逆転現象

　生徒のテストの得点を決めるのは，問題の難易度ではありません。私たちが決める「配点」によって決まります。

名前	正解数／問題数	得点
A　君	40／50	84点
Bさん	38／50	88点

　上の表を見ると，得点はBさんのほうが上です。ですから，Bさんのほうが英語力があると判断できそうですが，問題に対する正答率でいうと，A君のほうが上です。仮に何らかの理由でこの2人の生徒の順位をつけなければいけなかったとすると，これでは，どちらの生徒のほうが英語力があるのかということがわかりません。これは，配点が生んだ逆転現象です。

　特に英語力が同じような集団で行われるテストなどは，その配点により順位が変わります。その順位は，その生徒の進路や将来を決定していくための重要な材料になるものであるならば，私たちは配点に慎重にならなければいけません。

理想的な配点はあるのか？

　「100点満点」である必要はあるのか，ということを考えなければいけません。我が師，靜　哲人先生はご自身の著書の中で「100点満点である必要はない」ということを提案されています。「さすが！」のひと言です。配点に差をつくること自体が，そもそもの逆転現象のきっかけになってしまうのですから，100点満点にこだわらないことが理想的です。しかし，「100点満点のテストをつくる」というルールが明記されている学校も多いことと思

います。
提案1：100点満点に換算する
　靜先生が提案されている方法で，問題を全て1点として，最後にそれを100点満点に換算する方式です。

提案2：50問テストにする
　50問の問題をつくり，それを1問2点とする方法です。**問題の難易度にかかわらず，全てを2点**とします。これにより，先の逆転現象はなくなります。100問のテストでもいいのですが，作成の労力が大変であることと，定期テストなどの短いテスト時間では解ききれない生徒も多くいると思いますので，50問が妥当だと思います。

提案3：能力別の問題の中での配点を同じにする
　例えば，「良いテストができたんだけど，50問を超えてしまった……」という場合もあるかもしれません。せっかくつくった良い問題を減らすことはもったいないです。その場合は，能力（例えば，リスニング）の中での配点を統一しましょう。文法を40点の計算でつくったテストで，30問あるなら，あと10問を追加して，1問1点の配点にするようにすればいいのです。その他の能力の問題の配点は，2点として変更しません。
　問題数が増えることは，信頼性の観点からも望ましいことですし，良い波及効果も期待できます。しかし，こうやってあまりにも問題数が増えていくと，テスト時間との兼ね合いも出てくるので注意が必要です。

要点チェック！
　配点にはいろいろなテストの専門的知識が必要になってきます。詳しくは，テスト理論に関する研究書などをお読みになっていただければと思いますが，配点を均一（または，分野の中で均一）にすることを私はご提案させていただきたいと思います。

COLUMN
試験監督 10の心得

試験監督ですら，授業である！

　私がテストを考えるとき，その根幹には「授業はテストであり，テストは授業である」という理念があります。ですから，「試験監督」さえ「授業」であるという発想をもっています。

試験監督の目的

　試験終了後の職員室では，「カンニングを捕まえてやった！」と鼻高々に喜ぶ（自慢する？）先生の姿を見かけることがあります。確かに，カンニング行為に気づけずにいたり，カンニング行為を見つけても見逃す（？）教師に比べれば，先の先生は，はるかに「試験監督者」としての任務を果たしていると言うことができるかもしれません。しかし，私が考える試験監督者として最も大切な任務は，

> カンニング行為をさせない

ことです。生徒に「カンニングは無理だ……」と思わせるような試験監督者としての立ち振る舞いやオーラが大事であり，「カンニングを見つけてやるぞ！」という犯人探しのようなことではないと思うのです。

試験監督　10の心得

　我が師，靜 哲人先生がブログに「靜流 入試監督道　心・技・体　十戒」というものを書かれています。靜先生は「見ず知らずの受験者」を想定して

書かれていますが，私たちが学校で行う試験監督にも活かせる内容だと思いますので，許可を得まして，ここで紹介させていただきます。

静流　入試監督道　心・技・体　十戒

一　少なくとも還暦を迎えるまでは，意地でも座るべからず。30代，40代で座るなど，30年，20年早い。

二　試験の間中，受験生を鋭い視線で見ているべし。監督業務としての作業がある場合を除き，下を向いているなど言語道断。

三　この監督者がいるのでは不正行為などとうていできそうもない，と思わせるオーラを出すべし。その結果，全員が適正に受験するような環境を創りだすことこそが仕事である。

四　歩くときには決して音を出すべからず。歩くときに音の出やすい靴を履いてくるべからず。

五　複数の監督者は，常にお互いにほぼ等間隔を保ち，受験生群に対して満遍なく視線を配れるようにすべし。お互いの位置関係を常に意識し，バランスを保つべし。

六　ひとところにとどまらず，常に超低速で，（無音で）移動すべし。超低速とは，秒速1センチメートルである。

七　無音で，超低速で移動すると，下半身の筋力トレーニングにもなり，一石二鳥である。

八　移動しながら視線はランダムに動かせ。あの試験監督は後ろにも目がある，という印象を与えよ。

九　受験生にはソフトな，しかし毅然とした，印象を与えるような話し方をせよ。

十　テストを受けるというストレスのかかる状況にいる受験生に思いやりをもて。

引用：http://cherryshusband.blogspot.jp/2015/02/blog-post_8.html

Chapter 4

スキル別
テスト問題のワザ&アイデア

問題は白紙で楽をする

テスト作成のわずらわしさ

　教師で「テストが好き」という人は，あまり多くないようです。それには様々な理由があるようですが，「テストをつくることがワズラワシイ……」という思いがあるようです。確かに，私たちの仕事は，日々多忙を極め，授業準備もままならないことも珍しくありません。そんな中で，定期テストならまだしも，小テスト・単元テストなどの紙ベースのテストを継続して行い続けることは難しいかもしれません。

教師が楽して，生徒が苦労?!

　教師として一番避けたいのは，「教師が苦労して，生徒が楽をする」という状況です。別の言い方をすれば，「教師が努力して，生徒が努力しない」ということです。今書いた状況が最低であるならば，最高の状態は「教師が楽をして，生徒が苦労する」もしくは「教師が努力せず，生徒が努力する」ということになります。教師が努力するかしないかは置いておいて，やはり生徒には苦労（努力）をさせたいものです。例えば，単語テストを定期的にすることが大切だと読者の先生方がお考えならば，一番大切なのは「継続すること」です。世の中にあるどんな実践も，単発で成功するものなどありません。どんな実践も「継続」することが前提となっています。しかし，この継続が難しいのです。継続していくためには，「システム」が必要になります。

問題用紙は白紙で十分！

　まずはＢ５判の白紙を用意します。その紙を半分に切断します。準備はこれでＯＫ。あとは，年度当初に大量に準備しておくだけです。使い方は無限

にあります。

①単語テストで活用
　教師が問題を口頭で伝え，生徒が単語を書きます。日本訳，英語定義など，バラエティは様々です。詳細は，次ページ以降をご覧ください。

②ディクテーションで活用
　ディクテーションのテストでの活用にも便利です。詳細は，「リスニング問題」の章（112ページ〜）をご覧ください。

③チャイム即テスト
　靜先生考案の「チャイム即テスト」です。チャイムが鳴ったら，すぐにテストを始めます。問題は口頭で出します。つまり，遅れてきたりすれば，問題を聞き逃すことになってしまいます。この活動の真のねらいは「チャイム着席」を徹底させることです。ですから，問題の内容もさることながら，「継続」させることが最も重要なテストです。

④ポートフォリオ的活用
　Ｂ５判の半分のサイズですから，ノートに簡単に貼ることもできます。テストをノートの左面に貼らせて，右面にテストなおしをさせることもできますし，記録が残っていくことで，自己評価にもつながります。

要点チェック！
　「教師が楽をする」という言葉に，抵抗感を抱く先生方は多いようです。「何事か！」とお叱りを受けるかもしれません。しかし，大切なことは「生徒が常に，頭に汗をかいている状態」をつくり出すことです。それが最小限の労力でつくり出せるのなら，これにこしたことはありません。私たちは余った労力を他の業務（学級経営など）にまわせばいいのです。

育てたい３つの能力を見極める

「単語ができる」とは何を示すのか？

前項で，テスト用紙のことについて説明させていただきました。これでずいぶん楽になることだろうと思います。続いては，問題の出し方です。生徒たちはよく「単語が苦手……」などと言うことがあります。教師の中にも「単語を定着させるためにはどうすればいいですか？」と質問される方がおられます。そもそも「単語ができる・できない」とはどういう状況を示しているのでしょうか。

育てたい主な能力（単語編）

単語の能力は奥深く，「場面の中で活用ができているか」などの複合的な概念の中で測定されるべきものです。しかし，「単語テスト」ということだけを切り取った場合，私たちは次の３つの能力に分類できると思います。

```
発音

つづり

意味
```

極々単純に分類したとしても，これら３つの能力があります。この３つの能力は全く別のものです。ですから，ある生徒が「単語が苦手です……」と言ってきたとき，それは①発音ができないのか，②つづりができないのか，③意味がわからないのか，ということをまずは判断してあげなくてはいけません。そういう確認作業をせずに「何回も書いて覚えるんだよ！」というアドバイスをすれば，その生徒にとっては的外れな勉強ばかりを強いることに

なっているのかもしれません。

単語テストにも目的を！

必然，私たちが日常で行っている単語テストにも，明確な目的をもたせなければいけません。その具体的な方法を次の項以降で紹介しています。大切なのは，「単語」というのは一つの能力ではなく，複数（私の考えでは先述の3つですが，いろんな意見があります）の能力が絡まり合って形成されているものであるということを，教師と生徒が共通認識をしておくことです。そして，テスト問題にもそれを明確に表現しておく必要があります。**自分は何ができないのかがわかるようになれば，何をすればいいのかが明確になります**。何をすればいいのかが明確になれば，行動するようになります。こうやって自立した学習者は育っていくのだと思います。

ちなみに……

「単語は場面の中に埋め込んで，ようやく意味をもつ。状況や場面を設定しない単語テストなどは何の意味もない活動だ！」という主張があります。これは全くその通りで，単語だけを切り取って意味を理解しても，コミュニケーションの中で役には立ちません。しかし，「場面に応じた意味理解・活用ができるようになるためのステップ」として単語テストがあるという考え方に立てば，これは立派な活動だと私は考えています。

要点チェック！

単語の能力は，主に3つあります。①発音，②つづり，③意味です。この3つをベースに考えれば，様々なタイプのテストが必要になることがわかります。あまりテストばかりで生徒を追い詰めるのもよくありませんが，生徒の状況をよく見て，どのタイプのテストが必要かを判断しなくてはいけません。

発音技能を問う単語テスト

「発音」を問うテストについて

　単語の発音を問うテストについては，「実技」に勝るものはありません。面接テスト（インタビューテスト）などの手法を使って測定するのがベストです。しかし，その場合も，2種類のパターンが考えられます。

「文字」を見て，「発音」を問う

　例えば，comfortable という単語を見て，正しく発音できるかどうかを確認したいと思ったとき，一番シンプルなのは，教師の前で「発音してください」と問うことです。この問題に関しては，comfortable という単語の意味を知らなくても構いません。「コンフォーテーブル」という発音でなく，「カンフタボー」という発音ができればOKという問題です。もちろん，fやrなどの子音の発音をチェックしておく必要がありますし，そのことを事前に生徒たちには伝えておく必要があります。

類似の発音問題はどうか？

> 　次の各組の下線部の発音が同じものには○を，違うものには×を書きなさい。
> 　（1）want<u>ed</u>　（2）w<u>or</u>k　（3）<u>o</u>ther
> 　　　　visit<u>ed</u>　　　　b<u>ir</u>d　　　　<u>o</u>nly

　このような形式の問題は，最近は減ってきたように思います。しかし，まだ根強く残っているようです。例えば（1）の問題は [t] [d] [id] の音を見分ける問題ですが，生徒が誤解して，「この問題は両方とも [t] の発音に

なるはずだ！」と誤解して〇を書いてしまう場合があります。正答はもちろん〇なので，この生徒は wanted は［t］なんだと，自信をもってしまうかもしれません。

　大学入試などの何万人規模が受験するものであれば，致し方ない部分もあるのかもしれませんが，中学校などの定期テストレベルで出題するべきではありません。実技テストのほうがよりよく評価できますし，このような問題を出題する入試問題にも対応できる力を育てることができます。

「意味」を見て，「発音」を問う
　これも「実技テスト」に勝るものはありません。意味の提示方法については，①日本語，②英語定義，③文脈の中に埋め込む，などの方法があります。生徒のテスト勉強のしやすさを考えると，①か②がいいだろうと私は考えています。

「発音」を問う「単語テスト」の必要性について
　テストとは，基本的には「確認の場」です。発音の技能であれば「正しく発音ができているか？」ということをチェックする場です。しかし，日常の授業の中で，生徒の発音をチェックする場面はたくさんあります。授業中の発言や発表の機会などたくさんあります。日常の授業から発音に対する意識を高くもっていれば，あえて単語テストとして問う必要のないものなのかもしれません。

　　単語の能力のうち，「発音」という技能は授業の中で「確認→フィードバック」の機会がたくさんあります。日常からしつこい発音指導を繰り返すことをしていれば，授業そのものが「発音テスト」という空気になるので，あえて単語の発音だけを抽出してテストする必要がなくなります。これが私が考える理想の状態です。

Chapter4　スキル別　テスト問題のワザ＆アイデア

つづり技能を問う単語テスト

「つづり」を問うテストについて

　最もよく知られる単語テストの方法です。この方法が広まってしまったために，生徒は「単語力＝つづりを書ける力」だと勘違いをしてしまっているように思います。大切な能力ですが，単語を扱ううえでの一つの技能でしかないことを教師は認識しておく必要があります。

「発音」を聞いて，「つづり」を問う

　①準備するのは，Ｂ５判の紙を半分に切った紙（白紙）です。
　②配布し，名前を記入させ，問題数を指示します。問題数を指示する理由は，生徒が解答を記入する際の余白バランスをもたせるためです。
　③「No.1 comfortable,　comfortable」と２回言います。
　④解答はペアで交換して行います（教師が採点してもＯＫです）。
　⑤最後に回収します。

　この問題を生徒に事前にアナウンスしておくと，生徒はテスト勉強の際に，単語の発音にも意識を向けながら勉強するようになるはずです。生徒の単語勉強の意識を「意味」と「つづり」の勉強から脱させるためには，非常に有効なテストの方法です。何よりテストの準備が楽！

「意味」を聞いて，「つづり」を問う

　方法は上のテストとほとんど同じで，③のみが違います。

　③-1　「快適な　　快適な」と日本語の意味を複数回伝えます。
　③-2　「free from stress　　free from stress」と，単語の説明

を英語で行い，解答させます。

　③-2の方法の場合は，少しレベルが上がります。私がこの方法を採用する場合は，事前に下のような「英語定義の書いてあるリスト」を渡しておき，その中から出題することを指示しておきます。そうすると，単語テストの勉強をしながらリーディングの要素も入り，家庭学習でもよりレベルの高いものを要求することができるようになります。

	単語	英語定義
1	oxygen	gas that we breathe
2	skeleton	set of bones in the body
3	cell	smallest part of living things
4	comfortable	free from stress

　上記の例の場合は，英英辞書を参考にしながら，簡単に短く変更しています。正確な定義ではないかもしれませんが，十分に通じるものだと思います。このようにした場合，こちらが想定していなかった答えを書いてくる場合があります。こちらが想定した答えでなかったとしても意味的に通じるものであれば，○にしてあげる柔軟性が教師には必要だと思います。

> 　つづりは，単語の重要な技能の一つですが，書けることと同じぐらい「聞ける」「話せる」ということが大事な時代です。まずは教師がもっている「単語テストのイメージ」を壊しましょう。私たちがもっているイメージは無意識のうちに生徒に伝わります。私たちが「単語は聞ける・話せることも大事なんだ！」というイメージをもてば，生徒にも伝わるものです。

Chapter4　スキル別　テスト問題のワザ＆アイデア

意味理解技能を問う単語テスト

「意味」を問うテストについて

　単語の意味を正しく理解しているかどうかを問うテストです。単語は文脈の中で意味が変わるものです。そういったことを適切に判断できているかどうか問う意味でも重要なテストです。今回は，文脈の中で意味の変わるものは省略し，簡単な手法のものから紹介させていただきます。

「発音」を聞いて，「意味」を問う／「つづり」を見て，「意味」を問う

　①準備するのは，Ｂ５判の紙を半分に切った紙（白紙）です。
　②配布し，名前を記入させ，問題数を指示します。問題数を指示する理由は，生徒が解答を記入する際の余白バランスをもたせるためです。
　③「No.1 comfortable,　comfortable」と２回言います。
　④解答はペアで交換して行います（教師が採点してもＯＫです）。
　⑤最後に回収します。

　私が行う単語テストは，基本的にはこの形式です。準備が楽なのが一番です。ただし，生徒の解答方法は２つあります。

解答方法１：日本語で意味を書く

　「日本語で意味を書かせるなど，生徒が日本語の勉強をすることになるじゃないか！」というお叱りを受けそうですが，私は最初は日本語を活用しながら勉強するのも悪くないと思っています。特に勉強に苦手意識を感じている生徒たちにとっては，この手法は非常に有効です。また，「日本語の意味を練習してくる」という波及効果の意味ではよくない手法ですが，生徒が理解しているかどうかを一発で確認することができる優れた手法でもあります。

解答方法2:英語定義を,書かせる/言わせる/選ばせる

次のような表を配っておく必要があります。

	単語	英語定義
1	oxygen	gas that we breathe
2	skeleton	set of bones in the body
3	cell	smallest part of living things
4	comfortable	free from stress

　書かせる場合,解答のスペルのミスをどう採点するかなどの問題点はありますが(私の場合は×にしています),一番生徒の負荷の高いテスト方法だと思います。レベルの高い生徒にはこの手法が有効ですが,苦手意識のある生徒には壁が高すぎます。しかし,高校生ぐらいであれば,この問題形式が有効だと思われます。

　言わせる場合,時間設定の問題がありますが,やはり有効なテスト方法です。テスト勉強のために,英語定義を何度も音読するだろうと考えられるからです。

　選ばせる場合,選択肢を用いて解答させるので,生徒の負荷がぐっと低くなります。テスト勉強の導入にはいい方法だと思います。ただし,記号問題の場合は「まぐれ」というものがついてきますので,問題が3つであれば,選択肢は4つ,など,誤答を一つ紛れさせておくなどの工夫が必要です。

　　意味理解を問う単語テストは,生徒への負荷が非常に高いものが多いです。しかし,「負荷が高い活動が生徒の力をより伸ばす」という事実も忘れてはいけません。「負荷が高すぎるなあ」と臆するのではなく,「うちの生徒ならできる!」と自信をもって負荷の高い活動で生徒を鍛えてあげましょう。

Chapter4　スキル別　テスト問題のワザ&アイデア

並べ替え問題の選択肢は7つまで

語順を意識させる問題を！

【悪い例】
　彼は公園で音楽を聴くためにコンピュータを使う。
[ア uses　イ listen　ウ to　エ a　オ music　カ computer　キ he　ク to　ケ park　コ the　サ in]

　いかがでしょうか。解答方法としては，正しい順番を全て記入させる方法や，「2番目と4番目にくるものを書きなさい」と，一部だけを見る場合の問題もあります。解答方法はどちらでも良いと思います。しかし，テスト問題そのものは，良問とは言えないものです。英文のレベルとしてはそれほど高いものではありませんから，中学2年生であれば，正解してほしいレベルの問題だと思います。しかし，この問題にはいくつかの問題点があり，このままで出題してしまうと，生徒たちの本来の力よりも低い正答率が出てしまう可能性があります。

問題点1：並べ替える語は7つまで

　並べ替え問題を作成するとき，並べ替える語（また句）の数は，多くても7つまで，としておく必要があります。7つ以上の選択肢がある場合，誤答率が急激に高くなる傾向があります。それは「英語力以外の部分で，生徒が混乱してしまった可能性がある」と私は考えています。例えば，単語を見落としてしまっていたり，解答用紙に書き写すときに書き間違えてしまったりすることです。注意不足，と言ってしまえばそれまでですが，英語力以外でのミスを誘発するような問題は，生徒のためにもできるだけ避けたいもので

す。

問題点２：語順と句の問題が混合している

　並べ替え問題のポイントは「語順」だと私は考えています。しかし，この問題では「listen to」という表現や「in the park」という副詞句の表現を知っていないとできない問題です。これらの表現を試したい場合は，別の方法で試すべきだと思います。

【改善案】
　彼は公園で音楽を聴くためにコンピュータを使う。
［ア　uses　イ　listen to　ウ　a computer　エ　music　オ　he　カ　to　キ　in the park］

語順を意識させることが問題ですから，

誰が→どうする→何を→何のために→どこで

という語順に沿った文章の並べ替えができるかどうかにポイントをしぼったほうが，良問といえると思います。

要点チェック！

　並べ替え問題は，語順を意識させるには最適な問題だと思います。テスト対策として「音読が有効である」という指導も可能ですので，大変に有益な問題だと言えますが，「難易度を上げる」という目的のために，複雑化されることがよくあります。難易度による点数調整の前に，生徒が「語順を意識しているか」ということを大切にしたいものです。

生徒が夢中になる間違い探し

人気ランキング1位の問題

　私は時々「好きなテスト問題アンケート」ということをやっています。その中で断トツ1位なのが，この「間違い探し」です。

　例えば，授業中に英作文をさせたとします。教師はそれらを机間巡視で点検していくわけですが，そこには「宝の山」が隠されています。宝の山とは「生徒のミス」です。「あれだけ指導したのに……」と嘆きたくなる気持ちもわかりますが，生徒に共通する間違いを発見できるチャンスなのです。そして，それがそのまま教材として使えるのですから，教師にとっても生徒にとってもお得な活動です。

　ある日，現在完了（経験）を使った活動をしていたら，

> * How many time have you been to America?

と，timesの「s」をつけ忘れている生徒が多いことに気づきました。How many timesに関しては，すでに学習してあった項目だったのですが，しばらく時間が経過すると，生徒も忘れてしまっていたようです。

　そういうミスを発見した場合，私は生徒にフィードバックした後，すぐに記録するようにしています。そして，ある程度記録が溜まってきたら，プリントにして配布します。

　「これはみんなが授業中にやったミスを集めたものです。自分がやってしまったミスもあるかもしれません。さあ，探して修正してください」

と言って，活動に取り組ませます。お試しいただければわかると思いますが，この活動は生徒が目をキラキラさせて取り組みます。その集中力は圧倒的です。

注意点

このテスト問題を取り入れると「間違っていない文章も含まれていますか？」という質問が出てきます。私の場合，「絶対にどこかが間違えている！」と答え，実際に必ず間違いがあるようにしています。以前，「正解の文章もあるかもしれないよ？」と伝えたとき，かなりの生徒が「この文章にミスはない」という思い込みが働いてしまい，正しい答えにたどりつけないという現象がありました。やはり，「ミスを探すんだ！」という気持ちで見たほうが，生徒にとってはおもしろいようですし，学習効果も高いような気がします。

要点チェック！

「間違い探し」は，生徒が大好きな活動です。終わったあとも「頭使った～」と感想を言います。テスト問題としてよりも，授業の中で役立つ活動として重宝されるものかもしれません。ぜひ，お試しいただきたいと思います。

高い「波及効果」を生む穴なし穴埋め問題

教科書本文を活用して，お手軽作成！

　穴なし穴埋め問題は，様々な場面で活用ができます。拙著『音読指導アイデアBOOK』(明治図書) でもその良さをお伝えさせてもらいました。もちろん，テスト問題としても活用できます。

　良い点としては，
（1）　教科書を徹底的に使いこなせるようになる！
（2）　作成が楽！
（3）　波及効果が高い！

　（2）だけでも，やる価値ありだと個人的には思っています。作成手順は以下の要領です。

【教科書本文の例】

　I was very busy this morning. I usually get up at 6:00 every morning and leave home at 7:00. But, I got up at 6:45 this morning. I said "Oh, no! Today is the chorus contest day! My class practices for chorus contest in the morning!!" I didn't have time for breakfast. I left home at 7:10.

【穴なし穴埋め問題】（文法的要素のある部分だけ削除）

　I was very busy this morning. I usually up at 6:00 every morning and leave home at 7:00. But, I got up at 6:45 this morning. I said "Oh, no! Today the chorus contest day! My class practices for chorus contest in the morning!!" I didn't time for breakfast. I left home at 7:10.

　この問題例では，文法的に「あきらか」におかしくなるような部分を取り除く必要があります。また「解答にいくつかの可能性がない」ものをできるだけ選ぶことが望ましいです。

解答方法

　　　　　　＿＿＿＿＿＿（　　　　　　）＿＿＿＿＿＿

　解答用紙には上のように書いておきます。そして，問題文の中から抜けている単語を（　）の中に。そして，どことどこの間に入れるべきなのかを，前後の単語を書くようにします。例えば，<u>usually</u>（ get ）<u>up</u> のような解答方法になります。

高い波及効果

　「こういった問題を出すよ」と生徒に事前にアナウンスをした場合，生徒はどういった勉強をしてくるでしょうか。数人の生徒は文法を中心とした勉強をするでしょうし，何人かはお互いに問題を出し合うでしょう。音読を徹底的にする生徒も増えるでしょうし，暗唱してしまう生徒も出てくるかもしれません。どの方法であっても「望ましい学習」であるといえると思います。

✓ 要点チェック！

　穴なし穴埋め問題はどんどん活用しましょう。定期テストもいいですが，小テストなどのほうが効果的だと思います。本文をいくつかに分けてするのもよし，毎授業でキーセンテンスのみの「1文穴なし穴埋め問題」もできます。この方法は，取り組みやすく，勉強を苦手とする生徒たちでも頑張れます。

文法編
即興で質問ができる能力を育てる

英語でインタラクションをする落とし穴

　「英語の授業を英語で行う！」ということを懸命にやっている先生方が多くおられます。私もその一人です。しかし，そこにはいくつかの「落とし穴」があると私は考えています。その一つに「教師 Question →生徒 Answer」という流れができやすいということです。このことに教師が無頓着でいると，生徒は英語で質問されること，そして英語で返答することはとても上手になっていきますが，「英語で質問をする能力」はいつまでたっても伸びないということになってしまいます。これが続いていると，無意識のうちに「英語でのコミュニケーションは受け身でいいのだ」というメッセージを伝えてしまっていることになってしまいます。これをヒドゥンカリキュラムといいます。

疑問文をつくる能力の必要性

　では，「ペアでお互いに質問をしてみよう」と安易にこういう活動に取り組んではいけません。丁寧に「疑問文をどうやってつくるのか」ということを指導せずに取り組めば，間違いを恐れず英語を使うだけの授業になってしまいます。疑問文をつくる指導を丁寧にすることが，積極的な生徒を育てることやコミュニケーション活動の礎になることを知っておかなければいけません。

下線部が答えの中心になる疑問文

　私は，次のような問題を出します。

　　下線部が答えの中心になるような疑問文をつくりなさい。

> Jack enjoyed <u>the movie</u> with his friends last Sunday.

　このように出題し，下線部を答えの中心となるような疑問文をつくらせます。

　解答例としては，

> What did Jack enjoy with his friends last Sunday?

　the movie の部分が what になり文頭にくることや，did Jack enjoy などの変化が求められます。

　下線部を last Sunday に変更して，When～？とすることも可能です。

　このテスト問題に至るまでの具体的指導というものは，本書のコンセプトとは違うので割愛させていただきますが，いつかどこかで紹介できる機会があればと思っています。

初期段階から計画的に質問能力育成を！

　このように，会話活動の基礎となる質問作成能力を徹底して鍛え育てることが，充実したコミュニケーション活動につながることを私たちは理解しておく必要があると思います。疑問文のつくり方は，実は中学１年生から指導が可能です。中１の段階から徹底的に指導しておけば，中３になる頃には即興でたくさんの質問ができるように育っているはずです。

要点チェック！

　だいたいの会話は「質問」と「返答＋コメント」で成立しています。そう考えたとき，私たちは，①質問できる力，②返答できる力，③コメントできる力，というものを育てる必要があると思います。しかし，授業の中で質問する力を育てる活動というのが，その重要性にかかわらず，あまりにも少ないのではないかと私は感じています。

文法編
余分な言葉を削除する

文法機能 or 意味内容

　余分な単語などを文章の中に紛れさせ，それを削除させる問題です。別項で紹介している「間違い探し」よりも生徒の負荷は低く，簡単な問題となります。解答パターンも単純化できますので，採点も楽です。もちろん，「間違い探し」の要素をしっかりと保っていますので，生徒からは「このパターンの問題好き！」というコメントをよく聞きます。

　余分な単語を削除する問題には，大きく分けて2パターンの問題があります。まずは「文法機能」に関する問題。文法的に考えて余分だと思われる語を入れておき，見つけさせる問題です。
　もう一つは，「意味内容」に関する余分な単語を入れておき，見つけさせる問題です。

①文法機能を中心としたパターン

> * Jack enjoyed the movie with his friends on last Sunday.

　この場合，on last Sunday とは表現せずに，last Sunday だけが正しい形ですので，on が余分な語ということになります。ですから，解答欄には（ on ）と記入させます。

②意味内容を中心としたパターン

　この問題のパターンの場合は，センテンスレベルで行うことが望ましいです。文法問題というよりも，リーディング問題に近いかもしれません。

次の文章の中で「不要」だと思われる1文を選び，記号で答えなさい。

① I'd like to talk about my dream. ② My dream is to be a world-famous baseball player in the future. ③ I practice baseball every day. ④ My father teaches me a lot of things about baseball. ⑤ He is good at cooking. ⑥ He sometimes takes me a baseball game. ⑦ I am very happy when he takes me there.

この本文の中に「私の父は料理が得意です」という文章は本文の流れとは無関係の英文だと言えますので，答えは（　⑤　）というようになります。

未習でも既習でも活用できる！

この問題は，未習英文でも既習英文でも活用することができます。しかし，生徒への波及効果を考えた場合，「既習英文」を扱うことが望ましいと思います。それは，「生徒が何度も音読をする」「意味を考えながら音読をする」という望ましいストラテジーを活用してテスト勉強をしてくることが想定できるからです。

要点チェック！

もちろん，①の文法機能を中心とした問題を，パラグラフの中に入れて出題することも可能です。難易度はかなり上がります。逆に，②の意味内容を中心とした問題をセンテンスで行うことも可能です。別項の「間違い探し」と織り交ぜながらご活用いただければと思います。

文法編
文法用語は問わない

文法用語を問う問題はやめよう！

【悪い例】
　次の現在完了の文が継続を表す文ならＡ，完了を表す文ならＢ，経験を表す文ならＣを書きなさい。
1. I have visited Hokkaido once.
2. Have you ever played the guitar?
3. Our sisters have just finished their dinner.
4. My aunt hasn't read this book yet.
5. My good friend has lived in Australia since 1998.

　この問題は，2015年度にある中学校で行われた定期テストの問題です。本音を言えば「まだこんな問題を出している人がいるのか……」という驚きしかありません。もちろん，何かしらの事情があったのかもしれません。状況も知らない私がとやかく言うことではありませんが，やはりこういった「文法用語」や「形式だけの文法知識」を問うような問題はなくなってほしいと思います。しかし，市販されている問題集などを見ても，（最近は減ってはきましたが）こういった文法用語を問うような問題は一定数あります。それは，一定のニーズがあることを示しているのでしょう。

　よくある文法用語問題としては，
　　1. 次の不定詞の用法を答えよ。
　　2. 次の文は何文型か答えよ。
　　3. 下線の単語が，関係代名詞か関係副詞か答えよ。

などが有名なところでしょうか。おそらく授業で先生方が丁寧に説明された部分なのでしょう。それはつまり，ティーチングポイントとテスティングポイントが一致しているということですから，問題のつくり方としては悪くないのですが，ティーチングポイントそのものがずれていることが問題です。

最大の功罪は波及効果

　文法用語を教えることのメリットは理解できます。必要以上に文法用語を教えることには私は反対ですが，知っておくべきものもあるとは思っています。問題なのは，「文法用語をテストにしてしまうこと」です。こういう問題を出すと，生徒は「文法用語のテスト勉強」をしてくる可能性があります。自学で「副詞的用法」という言葉をしっかり漢字で書けるように練習してきた，という生徒がいたということも聞いたことがあります。これはもう英語の勉強ではなく，漢字の勉強です。生徒の学習時間を無意味に奪ってしまっています。

【改善案】
　文法用語を問う問題はやめよう！

　この１点のみです。「では，どうすれば？」ということに関しては，本書の問題の具体例などを参考にしていただければと思います。

要点チェック！

　文法用語は確かに便利です。しかし，それは「手段」であって「目的」ではないはずです。その用語を教えることによって「何ができるようになるのか」ということをまずは明確にし，「本当にできるようになったのか」ということをテストするべきなのです。文法用語がテスト問題になってしまっては，生徒たちの進むべき方向が間違ったものになってしまう可能性が高いので，注意が必要です。

リーディング編
明示的問題ではなく推論的問題で問う

語順を意識させる問題を！

シンプルな英文ですが，こちらをご覧ください。

> Tom is 19 years old. He studies English at Meiji-Tosho University. He likes his English teacher and enjoys his lessons.

この例文に関して，次のように問題をつくることができます。

【明示的問題】

Q：Where does Tom study English?

　このように，本文の中に明らかに答えが明記されているものが解答になる場合を「明示的問題」と呼んでいます。長文問題に苦手意識を感じている生徒でも，あきらめなければ解ける問題が多いので，難易度としては低くなります。

　それに対し，

【推論的問題】

Q：What does Tom do?

　この答えは，本文中には明記されていません。つまり，答えは正確にはわからないのですが，「トムは明治図書大学で英語を学んでいます」という言葉から推察すると，おそらく「大学生」であるということがわかります。このような問題を「推論的問題」と呼んでいます。答えが正確ではないため，難易度としては少し高くなります。

正確ではない理由

なぜ正確ではないか。例えば，先ほどの例文であれば，「会社員であるトムは，上司の命令で週に２回だけ大学の特別講座を受講している」というケースだってあり得るからです。このように生徒が反論してきた場合，生徒が納得する（引き下がる？）説明をすることは難しくなります。ですので，対策としては，

①多肢選択問題にする。
②文章を補足する（あまり多くなると推論にならないのですが……）。
③問題文に「最も適切だと考えられるもの」というひと言を入れる。
④「本当にこれが答えといえるか」ということを教員同士で何度も確認する。

ということが大事になります。テストで「推論的問題」を導入することは，テストの得点に敏感な生徒に足元をすくわれる可能性もあるので注意が必要です。しかし，**「推論的問題」は生徒の深いリーディングを誘発し，同じ文章を何度も何度も読ませることができます**。英語学習において，推論的問題を活用することはとても重要です。勇気を出して，推論的問題をテストに導入しましょう。そうすると，授業でも推論的問題を扱うようになります。これが生徒のリーディング力を高める第一歩となると私は信じています。

要点チェック！

明示的問題は文章の比較的「表面」の情報だけを問うことが多く，文章を「読む」というよりは「探す」という動作になってしまいます。初期段階では大量の英文を与えて，「明示的問題」を出すことも効果的ですが，中学３年生以上になれば，推論的問題を導入しつつ，深いリーディングをテストや授業の中で扱うのがいいと私は考えます。

> リーディング編

3パターンの形式を使い分ける

リーディング問題形式の3パターン

　リーディング問題には，代表的な3パターンの問題形式があります。

　1：質問－解答テスト
　2：内容真偽テスト
　3：多肢選択テスト

　もちろん，他にも様々なパターンがあり得るのですが，今回はこの3パターンについて，メリット・デメリットを考えてみようと思います。

【サンプル英文】
　Have you ever been to Brazil? It is a good country to visit. Brazil is famous for soccer. There are many famous soccer players in the world, and many of them are from Brazil. Now you see a lot of information about Brazil on TV programs, because of the World Cup. The World Cup is the most famous soccer competition in the world, and Japanese people love watching the games. Unfortunately, Japan lost the games. It was sad for many soccer fans, but the team did their best. We will enjoy the World Cup again four years from now.

【パターン１：質問－解答テスト】

> 例：次の質問に対する答えを，英語で書きなさい。
> Q：What is the famous sport in Brazil?
> 　　　　　　　　　　A：Soccer is the famous sport in Brazil.

●メリット
・記述式の解答方法なので，「偶然」の正解がほとんどなくなる。
・リーディングとライティングを同時に問うことができる。

●デメリット
・不正解の場合，何が「できなかったのか」という原因を特定することが簡単ではない（「内容は理解できた」けど「書けなかった」から×，など）。
・英語で記述させた場合の採点（内容は正しいが文法が間違えていた場合，など）。

【パターン２：内容真偽テスト】

> 例：内容に一致していれば○，一致していなければ×を記入しなさい。
> Q：There are few famous soccer players from Brazil.
> 　　　　　　　　　　　　　　　　　　　　　A：×

●メリット
・採点が簡単で早い。
・問題作成が簡単で多量に出題できる。

●デメリット
・「偶然」による正解が50％の確率で起こる。

・問題が表面的な内容になりがち（意識しなければいけない）。

【パターン３：多肢選択テスト】

> 例：次の選択肢から，最も適当なものを選び，記号で答えなさい。
> Q: Which one is the best title of this passage?
>   (a) Trip to the World
>   (b) The World Cup in Brazil
>   (c) Famous Soccer Players in the World
>   (d) Watching the Game
>
> <u>A：(b)</u>

● メリット
・採点が簡単で早い。
・比較的正確な「読み」を測定することができる。

● デメリット
・「偶然」による正解が一定の確率で起こる。
・錯乱肢（間違った選択肢）の作成に時間がかかる。

では，どうするか？

　基本的には「テスト作成者＝授業者」ということを想定しているので，「質問－解答テスト」が理想的ではあると思いますが，採点の問題やフィードバック情報（その問題を間違えるということがどういう意味を指すのか）という点を考えると，私は「多肢選択テスト」の活用をすることがいいのではないかと思っています。もちろん，それぞれの問題形式は一長一短です。どの問題形式を採用するのかは，教師がどのように生徒を育てたいのか，という信念と照らし合わせる必要があります。そして，その問題形式を選択することで，授業にも変化が生まれてくるはずです。

要点チェック！

　それぞれの形式に一長一短がありますが，最終的には，私は「多肢選択テスト」の形式を多く採用しています（ときには，他の形式も使いますが）。多肢選択テストについては，他のページでも具体的方法を紹介させていただいていますので，参考にしていただければ幸いです。

Chapter4　スキル別　テスト問題のワザ＆アイデア

リーディング編
長文問題だけがリーディング問題ではない

文は短くして，問題数を増やす

　リーディング問題（意味を把握する問題）には，①全体の意味をとらえる問題と，②細部の情報を読み取る問題，があります。「この文章にあった適切なタイトルは？」という感じの問題は①に該当し，「○○さんは何月生まれでしょう？」という感じの問題は②に該当します。

　「どちらのスキルが大切か？」と問われれば，「両方」と答えます。どちらかに偏ってはいけません。バランスが大事です。ですが，教師がつくる一般的なリーディング問題は，②の傾向が多くあります。それではバランスがいいとは言えませんし，何より教師が生徒に「細部の意味を読み取ろうとすることがリーディングなんだ」と無意識のうちに教え込んでいることになります。

なぜ「細部の情報」に偏るのか？

　答えは簡単です。それは，費用対効果の問題です。教師がテスト問題をつくるとき，一からオリジナルの英作文をつくり出す必要がありますが，これが思いのほか時間を使います。生徒の知っている単語のみで構成し，ターゲットとなる文法項目をちりばめ，なおかつ，今までの問題と内容的に重ならないように配慮しなければなりません。

　このように，一つの文章をつくり上げるのに，それなりの時間がかかります。そうしてでき上がった文章ですから，全体配点の「2点」ではもったいない。細部を問うような設問を5つぐらいつくり，「10点」の配点にしてしまい，できるだけ労力を使わないようにしよう……，という無意識の行動が

出ているのでは，と私は考えています。

短文問題のススメ

　文章をつくることは大変な作業です。しかし，それほど長くない文章であるならば，多くつくり出すことができるのではないでしょうか。私は「全体の概要を把握する問題」を必ず５問程度は入れるようにしています。中学１年生などは３行ぐらいの英文を書いて，

　「どこで行われている会話でしょう？」
　「この人は次に何をするでしょう？」

などの全体を把握するようなことを問うように意識しています。そして，最初は３行ぐらいだった問題を，少しずつ伸ばすようにしていきます。こうすることによって，

> 量に耐えられる生徒を育てる

ことにつながっていくと思います。リーディング指導におけるポイントは，生徒が「量に耐えられるか」ということだと私は考えています。とにかく，全体をザックリと読んで答えるような問題が必要です。教師の労力との費用対効果を考えたとき，短い文章で問題数を増やすことが望ましいと思います。

❤ 要点チェック！

　私たちの中には，「リーディング問題＝長文問題」という思いがこびりついています。これは意識的に取り除いていかなければいけません。長文問題だけがリーディングの能力を測定するわけではありません。短文問題という新しい言葉が必要です。

리ーディング編
選択問題は３択がベスト

それぞれのメリット・デメリット

　リーディング問題をつくるとき，「全体の概要を問う問題」と「細部の情報を読み取る問題」の２つがあります。そして「細部の情報を読み取る問題」をつくるとき，選択問題として出題することがあると思いますが，先生方は選択肢の数をいくつぐらいにしておられるでしょうか？

○×問題（２択問題）

　「次の英文を読んで，本文の内容と一致していれば○，そうでなければ×を記入しなさい」というような問題です。

メ　リ　ッ　ト：採点が楽。問題作成が比較的簡単。
デメリット：偶然の正解率が高くなる（50％の確率）。

→作成が簡単なので，配点を減らし，問題数を増やすことが望ましい。

４択問題

　私の手元には，全国から集めた100以上の英語の定期テストがあります。その中で選択問題としては一番多いのが「４択問題」でした。

メ　リ　ッ　ト：偶然の正解率を下げながら，採点が楽。
デメリット：錯乱肢（正答でない選択肢）をつくるのが大変。その結果，問題数が少なくなってしまう可能性がある。

→錯乱肢が多くなるほど，生徒が「無意味」な混乱をする可能性がある。ま

た，錯乱肢が「正解の可能性があるのでは……」というようなものも含まれてくる可能性があるので，出題前にしっかりと検討する必要がある。

3択問題
4択問題の次に多いのが，3択問題でした。

メリット：4択問題よりも選択肢の作成が簡単。採点が楽。
デメリット：4択問題よりも偶然の正解率が多くなる。

→作成は簡単なので，デメリットを問題数を多くすることでカバーしていくことが望ましい。その場合，問題数そのものは増えるので，作問の手間がかかる。

結局，どれがいいの？
どれも一長一短があります。本文の性質によって選択肢の数は変わるかもしれません。しかし，私は「3択問題」を比較的多く採用しています。同じ12個の選択肢をつくるなら，

> 4択問題×3問＝12問ではなく，3択問題×4問＝12問

のほうが，より多くの「波及効果」があると考えているからです。生徒が錯乱肢に無意味に惑わされることも少なくなり，問題数が増えることによるテストの信頼性も上がる可能性があるからです。

要点チェック！
選択肢の数は，それぞれいろいろな考えがあると思います。問題作成の費用対効果をしっかりと考える必要があります。ちなみに，5択以上の問題は，メリットよりもデメリットが多く，あまりおススメしません。

リーディング編 〈意味理解編〉
穴なし穴埋め問題は既習教材を使わない

穴なし穴埋め問題―意味理解編

　穴なし穴埋め問題のリーディング編です。この問題は，非常に難易度が高く，骨のある問題になります。英語が得意（好き）な生徒は，この問題にこぞってチャレンジしたがります。そのためのポイントは，

> 既習の教科書本文を使わない

ということです。この問題形式の難易度はかなり高くなります。意味理解の能力だけでなく，若干の文法知識も必要になるからです。削除する単語は「内容語」に限定しておかなければ，意味理解の活動にはなりませんので注意が必要です。

> Hello, everyone. I have wanted to to Japan for a long time.
> Now, I'm in Osaka, and I'm very happy to meet you.

というように出題します。解答欄は，

> ＿＿＿＿＿＿＿（　　　　　　　）＿＿＿＿＿＿＿

というようにします。解答は，to (come) to ということになります。紙幅の関係で，サンプルの問題文は短めですが，もう少し長くすることで，リーディングの要素が強くなります。この問題のポイントは，
・未習の英文素材であること。
・抜く単語は「内容語」にし，ネイティブが読めば解ける問題にすること。

この2つです。非常に難易度が高いテストになりますので，一つ前の学年のレベルの教材や他社の教科書などを活用するといいと思います。

穴あり穴埋め問題

それでも難易度が高すぎる場合は，穴「あり」穴埋め問題にしてもいいと思います。

> Hello, everyone. I have wanted to (　　　) to Japan for a long time. Now, I'm in Osaka, and I'm very happy to meet you.

これだけでずいぶんと難易度は下がります。また Now, I'm in Osaka の部分から，(　　　) の中に go が入らないこともわかりますので，リーディングの要素をキープしていると思います。

既習（教科書）英文は NG の理由

既習の教科書本文を使用した場合，「穴なし穴埋め問題【文法編】」でも紹介させていただいたように，生徒の学習への影響は大変いいものになります。しかし，「読み取りの力」をつけさせたいというものであれば，既習英文ではない「未習英文」で問題に取り組ませるほうが効果的です。活動のレベルはすごく高くなり，生徒もテスト勉強がやりにくくなってしまう問題になりますが，上位層を刺激する問題ですので，時々取り入れてみてはいかがでしょうか。

✅ 要点チェック！

「穴なし穴埋め」という活動は，靜 哲人先生（大東文化大学）が発案されたものです。授業の活動にも，テストの問題にも，リーディングだけでなく，リスニングでも応用のできる，非常に汎用性の高いすぐれた活動だと私は思っています。私はこの活動をベースに新しいテスト問題（活動）を次々と生み出していますが，先生方も新しい方法が生み出せるかもしれません。

> リーディング編
英語で理解し英語で発表するパラフレーズ問題

「授業」が変わる「テスト問題」

　パラフレーズ問題です。ある長文を読んで，それの意味を理解できているかどうかを「英語のアウトプットによって確かめる」というテスト手法です。
　「良いテスト問題は良い授業につながる」と私は思っています。このパラフレーズ問題をテストに組み込むことになれば，当然，授業の中でもパラフレーズのトレーニングが必要になります。これは，この問題の波及効果が，生徒の学習に影響を与えるだけでなく，「授業」にも影響を与えることになる証拠です。つまり，「テストが変われば，授業が変わる」ということです。

　次の文章を読み取り，あとの英文の中に当てはまる英語を答えなさい。
　本文〈教科書文を使ってもOKです〉

Long ago an old man and his wife lived in a village. One day the wife went to the river to wash clothes. A big peach came down the river. The wife cut the peach in two. There was a little boy inside the peach. "Let's call him Peach Boy." He grew quickly and became strong and kind.

One day Peach Boy said, "I hear that demons from Demon Island attack the village people. I will go there to beat the demons." Mother made dumplings for him, the most delicious dumplings in Japan. He carried them in a bag and started off to Demon Island.

On the way, he met a dog. "Mr. Peach Boy, what is in the bag?" said the dog. "Delicious dumplings," Peach Boy answered. "Give me one and I'll follow you," the dog said. So Peach Boy gave him one dumpling. The dog became his friend.

After a while, a monkey came up to them and asked, "Mr. Peach Boy, what is in the bag?" "Delicious dumplings," answered the dog. "Give me one and I will follow you," said the monkey. So Peach Boy gave him one dumpling. The monkey became his friend.

Soon after they met a pheasant. "Mr. Peach Boy, what is in the bag?" "Delicious dumplings," answered the dog. "Give me one and I will follow you," said the pheasant. Peach Boy gave him one dumpling. The pheasant became his friend.

At the island, there was a great demon. Peach Boy threw a big stone at him. The monkey climbed the demon. The pheasant attacked the demon's eyes. Finally, they could beat the demon.

"Demon, Never do bad things!" said Peach Boy. "I'm sorry!" the demon cried. "We give up!" "Do you promise?" asked Peach Boy. The demon said, "We promise."

Peach Boy got a lot of treasure. They carried them to the village. His old parents were surprised but very happy. Peach Boy was very brave.

〈本文とほぼ同じ意味のパラフレーズ文〉

The old man and woman found Peach Boy in a peach in the river. He became to be a kind and strong man. Demons attacked the village. Peach Boy went to Demon Island to fight the demons. A dog, a monkey, and a bird helped him fight the demons. He gave them delicious dumplings from his old mother. When they came to Demon Island, Peach Boy and the animals attacked the demons and beat them. The demons said sorry and gave them treasure. Peach boy and the animals returned to the village. They were strong and brave.

問題例１：（　　　）埋め問題

　The old man and woman found Peach Boy in a peach in the river. He became to be a kind and strong man. (　　　) attacked the village. Peach Boy went to Demon Island to fight the demons. A dog, a monkey, and a bird helped him fight the demons. He gave them delicious (　　　) from his old mother. When they came to Demon Island, Peach Boy and the animals attacked the demons and beat them. The demons said (　　　) and gave them treasure. Peach boy and the animals returned to the (　　　). They were strong and brave.

　難易度を下げるために，選択式の記号問題にすることも可能です。

問題例２：穴なし（　　　）埋め問題

　The old man and woman found Peach Boy in a peach in the river. He became to be a kind and strong man. attacked the village. Peach Boy went to Demon Island to fight the demons. A dog, a monkey, and a bird helped him fight the demons. He gave them delicious from his old mother. When they came to Demon Island, Peach Boy and the animals attacked the demons and beat them. The demons said and gave them treasure. Peach boy and the animals returned to the. They were strong and brave.

　このように，別項の「穴なし穴埋め問題」を使うことも可能です。ただし，その場合には「本文の内容は授業で丁寧に扱ったので，意味は理解している」という状態であることが望ましいです。
　英語力が高い生徒が集まっている学校などでは，初見の本文でこの問題を出すこともできます。かなり難易度は上がります。

この問題は，「可能な限り，一つの能力のみを測るようにする」というポイントとずれています。つまり，この問題を不正解した生徒は，

①本文の意味を理解できていなかった。
②本文は理解できたが，英語のアウトプットができなかった。

という２つのケースが考えられます。つまり，テストのもつ情報（フィードバック機能）が不鮮明になってしまいます。ですが，それ以上の「波及効果」が，このテスト問題にはある！と私は思っています。
　このテスト問題は，日々の授業に直結してきます。「教科書を読んで，和訳して終わり」の授業から，もう一歩踏み込んだ授業ができるようになります（和訳の否定ではなく，和訳で終わらない，ということが大切です）。テスト問題と授業での課題はほぼ同じであるべきですから，この問題が授業を変えると言っても過言ではありません。

要点チェック！
　授業の中では，口頭で要約させたり，文章で書かせたりと，いろいろな場面で活用できます。英語で理解し，英語で発表するトレーニングになります。また，「ストーリーリテリング」の活動との相性もいい問題です。教師の英語力も必要にはなりますが，テスト問題作成の過程で教師の英語力も鍛えられるので，まさに一石二鳥です。

リスニング編
聞き分けテストで発音を意識する

発音の意識はリスニングテストから！

　本書でお伝えしたいことの一つに，「リスニングテストの配点を上げましょう！」ということがあります。おそれることなく，どんどんリスニングの配点を上げるようにしましょう。特に，中学1年生ならば（これからは小学生にもテストかも……）50点ぐらいはリスニングでもいいと思います。そして，リスニングテストの問題の配点を上げることは，日々の授業を聴く姿勢や，生徒（教師も）の発音にも良い影響を与えてくれます。

聞き分けテスト

　私は，どの学校種の生徒に英語を教えるときでも，

```
        th    r    l    f    v
```

の5つの子音はしっかりマスターできるように指導します。これらは自分の中では最低ラインです。授業の中で何度も指導しますが，それをより意識させるために，つまり，「この発音ができないと，テストで点がとれないぞ……」と思わせるために，以下のような聞き分けテストを行います。

　今から流れる発音が，どちらの音を発したものかを聞き取り，記号で答えなさい。
　（1）ア）sa　　（2）ア）ra　　（3）ア）ba
　　　イ）tha　　　　イ）la　　　　イ）va

　これらの音の聞き分けは，初級学習者には非常に難しいものに感じられる

かもしれませんが，最初にしっかりと指導しておけば，後々の指導が楽になります。そして，こういう細かい音の聞き分けができるようになることが，リスニング力向上の鍵になります。

授業にも影響が出る！

　こういうテスト問題を出題することを決めておくと，授業の中身も変わってきます。つまり，授業の中でもこういう課題を出すようになるということです。この「聞き分け」のトレーニングは，いろいろな活動との相性がよく，「カルタ」のようにしてグループワークもできますし，「ペアでクイズ」にしても盛り上がります。そして，活動にせず，シンプルに「練習問題」として日々の授業に取り入れたとしても，生徒はノってきます。

教師の英語にも影響が出る！

　当然のことながら，「教師がこれらの5つの音をしっかりと発音できる！」ということが重要になってきます。しかも，単体の切り出した音だけではなく，クラスルームイングリッシュの中でも正確に「言い分け」ができるようになっていなければいけません。「教師ができないから指導しない」というのは，あまりにもお粗末です。

要点チェック！

　最初から，lap/rapのように単語レベルとして問題を出題するのは反対です。もちろん，最終的には，文章の中でのレベルまでもっていくの理想的ですが，単音レベル→単語レベル→文章レベルのようにステップアップしていくのがいいでしょう。まずは，切り出した単音から。単語レベルにすると問題もつくりにくくなってしまいます。

リスニング編
油断しがちな会話形式のリスニング問題

典型的な問題

> 次の会話文を聞き取り，あとの選択肢の中から最も適切なものを選びなさい。
>
> A : Have you ever read a story of Momotaro?
> B : No. What is that?
>   (a) It's a Japanese old story.
>   (b) He wears a red shirt.
>   (c) I have read Urashimataro, too.

　このような「会話形式」のリスニング問題は，比較的多くの学校の定期テストで採用されているように思います。しかし，この問題も「無意識」につくってしまっていると，あまり効果的ではありません。私もこの問題パターンを活用しますが，以下のことに気をつけて作成しています。

会話文を必要以上に長くしない

　会話文の問題は，中１でも高３でも活用ができます。しかし，学年が上がるにつれて，「会話文を長くしなくては……」という思いが働いてしまうようです。しかし，文章を長くせずに難易度を上げる方法はいくらでもあります。例えば，①放送を一度しか流さない，②リンキングのある文を増やす，③熟語表現なども取り入れる，④情報を減らす（もしくは増やす）など，他の方法で代替できます。あまり長くするべきではないと私は思います。

問題数を増やす

　会話を短くする理由は，短くした分だけ問題数を増やすことができるからです。リスニングテストは「時間」が鍵です。試験時間50分のうちの30分もリスニングだけで使うことはできません。限られた時間の中で，できるだけ多くの問題を出す必要があります。

質問文・選択肢の文を問題用紙に書かない

　時々，問題文と選択肢が記載されている定期テストに出合います。リスニング放送時間の短縮のためでしょうか。しかし，基本的には「書かない」のが原則だと思います。なぜなら，リスニング問題にリーディングの要素が入ってしまっているからです。別項でも述べましたが，この問題を生徒が間違えてしまった場合，「何がわからなかったのか」ということが不透明になってしまいがちです。リスニングなのかリーディングなのか，生徒にもはっきりわかる問題にするべきだと思います。

基本「男女」で会話する

　私は昔，学校に男のネイティブしかいないときがありました。そのとき，男の私とネイティブが交互に会話をして録音したのですが，生徒から「声が似ていてわかりにくい」と言われてしまったことがあります。現実世界には同性同士の会話のほうが多いような気もしますが，放送機器を通してしまうと，わかりにくくなってしまうことがあります。学校のいろいろな事情がありますが，同僚に協力してもらうなどして，男女での会話を録音するほうがよいでしょう。

要点チェック！

　どこの学校でも行われているであろう「当たり前」のテストですが，当たり前であるが故に，油断しがちな落とし穴がたくさんあります。「常識を疑う視点」をもち続ける姿勢が大切だといつも思っています。

Chapter4　スキル別　テスト問題のワザ＆アイデア　109

リスニング編
Qから始まる問題

Qから始めてみよう！

　Hello, everyone. I have wanted to come to Japan for a long time. Now, I'm in Osaka, and I'm very happy to meet you.

　I studied Japanese for three years in Australia. It was very difficult for me to learn Japanese. But, a Japanese friend helped me a lot. Her name was Yuka. She was a student who lived near my house and she studied English. She and I often talked about many things. She taught me Japanese, and I taught her English. After staying in Australia for two years, Yuka went back to Japan. At that time, she gave me a book. It was written about Japan in easy Japanese and had many beautiful pictures. I studied Japanese hard to read that book. When I could read it, I was very happy.

　Before coming to Osaka, I visited Yuka. She lives in Hokkaido now. I stayed there for two weeks. She took me to some famous places that I saw in that book. I want to visit more places I saw in it before going back to Australia.

　I came to Osaka a week ago. I'm very excited now. I will stay here and teach you English for a year. I hope you will enjoy English with me.

Q1: How long did Yuka stay in Australia?
Q2: What does Ms. Green want to do before going back to Australia?

（2015年度　大阪府公立高等学校入試問題）

こういう問題の場合，ほとんどの場合が，２回繰り返させるときには，

$$\text{本文}\rightarrow Q \rightarrow \text{本文}\rightarrow Q$$

となっていると思います。しかし，必ずしも「本文全体の細部までを聞き取る」という能力が世の中で必要なわけではありません。特に，Q1の「２年」という答えは，英語がよくできる人でもメモがなければ忘れてしまうかもしれないような細部の情報です。

「本文全体の細部まで聞き取る」のではなく「必要な情報だけを聞き取る」という力のほうが，英語学習の初級段階では重要な能力であることは間違いありません。ですから，

$$Q \rightarrow \text{本文}\rightarrow Q \rightarrow \text{本文}$$

というように，順序を入れ替えるテストも導入するべきだと思います。私たち教師が授業中に話している英語の全てを子どもたちは聞いているわけではありません。その中で必要な情報だけを聞き取って，判断・行動しているのですから，テストにもこのような出題形式を入れてもいいのではないでしょうか。

要点チェック！

これは200 words以上あるリスニングの聞き取り問題であり，丁寧に読めば１分近くある内容です。日常の中で，それら全ての情報を集中して聞かなければならない状況は少なく，「必要な情報だけを聞き取る」という能力を求めるほうが，先に生徒に求められる力であると思います。

> リスニング編
生徒の集中を引き出すディクテーション

いくつかのディクテーション

　ディクテーションという言葉を聞いたとき，多くの人は「ある単語を聞き取る」ということを連想するようですが，それは正確には「部分ディクテーション（partial dictation）」と呼ばれるものです。別に聞き取るものが，単語レベルでなくてもいいわけで，文レベルでもOKなわけです。むしろ，授業などの活動では，グループで行うパッセージレベルでのディクテーション活動などが効果的です。これは「ディクトグロス」と呼ばれる活動です。

テストでは，部分ディクテーションが便利

　というよりも，文レベルディクテーションを実際の定期テストなどで使用するにはコストの問題がたくさんあるのです。時間の問題と採点の問題です。紙面の関係で詳述はしませんが，短時間で行えて，採点も楽な部分ディクテーションをご紹介させていただきます。ちなみに，ディクテーションという活動は，英語力を伸ばすのに非常に効果的です。いろいろな研究データなどもありますので，一度ご覧になってみるのもいいかと思います。

LWD（Last Word Dictation）

　LWDというテスト（授業でもそのままの名前で活動として行っています）です。問題用紙には英文は書かれておらず，白紙の状態です。流れてくる英文を聞き取り，その最後の単語を解答用紙に書き取る問題です。必ずピリオドで止める必要はなく，意味の切れ目で止めることもOKです。教科書の本文から出題することを予告しておけば，予習として教科書本文を音読する生徒も増えますし，教師が問題を考えるのも楽に。

> （次の文章はリスニングで流れるだけで，生徒には見えていません）
> Hello, everyone. I have wanted to come to Japan for a long time. Now, I'm in Osaka, and I'm very happy to meet you.
>
> A：you

穴なし穴埋めディクテーション

他でも紹介している「穴なし穴埋め」のディクテーション版です。

> Hello, everyone. I have wanted to come to Japan for long time. Now, I'm in Osaka, and I'm very happy to meet you.

という文章を提示しておき，放送では正確な英文を読み上げます。

解答欄には，

_____（　　　　　）_____

という枠をつくっておき，for (a) long と解答してもらうようにします。できるだけ，音の連結（リエゾン）部分を出題するほうがいいと思います。生徒が集中してリスニングをするのと同時に，文法にも意識が向くようになります。英語が得意な生徒であれば，文法知識があればリスニングを聞かずとも答えることができるテストなのですが，この問題形式で出題すると，生徒が家でしっかり音読するようになります。すごく生徒が勉強に集中するようになる（高い波及効果）ので，私はよく使っています。

要点チェック！

ディクテーションは，生徒が大好きな活動です。生徒に聞くと「クイズ感覚」らしいです。授業で取り入れると，生徒が信じられないぐらい静かになり，集中します。テストだけでなく，授業でも取り入れてほしい活動だなあと思っています。

> リスニング編

リスニングテストを成功させるICT活用

リスニングテスト作成におススメ

　リスニングテストの重要性は，強調しても強調しすぎることはないと思います。しかし，その重要性にもかかわらず，あまり普及していない（問題全体に対して占める割合が低いという意味）という事実があるようです。あくまで私の考えですが，その原因の一つに「作成のわずらわしさ」があるのではと思っています。そこで，そのわずらわしさを解消するためのおススメを２つ紹介します。

① IC レコーダー

　リスニングテスト作成のための必需品です。できれば，USBで直接させるものが便利です。あまり安価のものでもないので，できれば学校で購入してほしいものですね。

② Audacity

　これはPC用のフリーソフトで，簡単に音声の編集をすることができます。PCに詳しくない方でも簡単です。その理由は，「音を見える化」してくれているからです。いらない部分を削除したり，後から追加するのも簡単です。録音時に失敗してしまっても，このソフトで編集できるので，最初から録音しなおす手間が省けます。これは実は大きいです。
　非常に簡単なソフトなのですが，実は奥が深く，音声編集のほぼ全ての機能があります。ついつい凝った音声をつくってしまうという先生にもピッタリ。

突然放送しない

　私の勤務校の場合，リスニングテストは「テスト開始５分後に流す」とい

うのが常でした。学校によってはCDデッキだったり，あるいは校内放送を使ったりと様々でした。しかし，すぐに「今から，リスニングテストを始めます」と大音量で流れると，たいていの生徒はビクッとして驚きます。

　私の場合，リスニングテストの開始には必ず音楽を流します。著作権のこともありますので，私はフリーの音楽素材を使っています。そしてその音楽を，少しずつ音が大きくなっていくように編集して，流すようにしています。ちなみにその編集も先述のAudacityで簡単につくることができます。一度そういう音楽をつくってしまうと，あとは音楽を変えることはしません。「この曲はリスニングテストの曲だ」と印象づけることも大切だと思っています。

適切なボリューム

　CDデッキでリスニングテストを行う場合，教師はボリュームを「一番後ろの席」で確認し，「よし，これなら確実に聞こえる！」と判断することが多いはずです。しかし，そのボリュームは，一番前（スピーカーの前に座っている）の生徒には大きすぎることがよくあります。

　私の現在の勤務校は校内放送施設が充実しているので，それを使っています。しかし，以前の勤務校では，CDデッキを使っていました。そのときに私が配慮していたのは，「適切なボリュームを教師が判断するのではなく，生徒に判断させる」ということでした。授業の中で「これくらいの音量だけど，どう？」ということを確認させていました。少し手間ではありますが，確実な方法だと思います。

要点チェック！

　私のリスニングテストの歴史は「カセットテープでの録音」から始まりました。ところが，Audacityというソフトに出合い，私のリスニングテストは大きく変わりました。作成にわずらわしさを感じておられる先生には，ぜひ一度お試しいただきたいソフトです。

ライティング編
英作文は丸暗記を歓迎する

英語が苦手な生徒への配慮

　英作文問題を出題する場合，ハードルの一つに「英語が苦手な生徒をどうするか」というものがあります。4技能の中で，ライティングが一番嫌いという生徒が増えてきたような気がします。何の手立てもなくライティング問題を出題すると，解答欄が白紙ということも多くあり，テストとしての「診断機能」が役割を果たせなくなってしまうことがあります。

　何度も繰り返しお伝えしていますように，私の中での良いテスト問題とは，良いテスト勉強につながるものです。

丸暗記大歓迎！　テスト問題を完全公開！

　例えば，次のような英文があったとします。

> We swear to respect the dignity and lives of each individual.

　この文章は絶対に覚えてもらいたい！と教師が思った場合，おそらく「暗唱テスト」という方法をとることが多いのではないでしょうか。もちろん，それはすばらしいことだと私は思います。しかし，暗唱テストはやはり実施に時間がかかります。実用性（practicality）が低いので，多用することはできません。そこで，定期テスト（もしくは小テスト）で英作文問題として出題する方法です。

　「この文章を英作文するテストを出題するからね。大丈夫。日本語の意味はしっかり書いておいてあげるから」

とでも言えば，生徒からは「え〜?!」と非難の嵐でしょう（笑）。しかし，文章の難易度によりますが，基本的には「丸暗記」をすればいいわけですから，生徒としては非常に「勉強しやすい」問題なのです。そして，生徒が一生懸命に覚える価値のある英文であるならば，このことは非常に価値のある勉強になるのです。文章の長さを調節すれば，難易度は自由自在です。

採点方法

　私の場合は「○か×」の採点です。部分点は与えないようにします。もちろん，生徒にもそのように伝えます。そのほうが生徒は細部にわたるまで意識しながら覚えようと努力しますし，それは望ましいストラテジーです。そして採点も楽です。

同じ意味で違う文を書いてきたとき

　もちろん，文法的に正確でほぼ同じ意味になるような英語であるならば，○にします。より高度な活動になります。しかし，採点方法は同じにしなければいけませんので，一つでも間違いがある場合は×にします。

要点チェック！

　「丸暗記」という英語学習は古い！と思われる方もおられるかもしれませんが，私はそうは思いません。すばらしい学習方法だと思っています。日本で英語を話せるようになった学習者は，みんなどこかの段階で「丸暗記」というストラテジーを使っています。しかし，そればかりに頼ってしまっては，英語嫌いを大量生産する授業（テスト）になってしまいます。バランスは意識しなければいけません。

> ライティング編
英作文は必ずフィードバックする

英作文問題を出題すべきか？

　私個人で言えば，ここ数年，定期テストというレベルでの「英作文問題」を出題したことはありません。それは「採点にかける時間との費用対効果」を考えてのことです。「英語力はフィードバックを受けて伸びる」というのが私の根本的な考え方の一つです。しかし，学年全体の英作文に対して，フィードバックをして返却するのはほぼ不可能です。ですから，英作文課題（ライティング全般）に関しては，私は授業内で行うことを基本としています。

そうは言っても……

　前述のような私の見解に賛成してくれる人は多いのですが，「そうは言っても……」という人が多いのも事実のようです。それぞれの学校の事情もあるでしょうから，無理に「英作文はしない！」というのが必ずしも良い方法ではないのでしょう。そこで私が考える，英作文問題を出題する際のいくつかのポイントを紹介させていただきます。

ポイント1：採点方法を明確に

　英作文問題の難しさと言えば，これが全てと言っても過言ではありません。例えば，

> He like playing basketball after school.

という三単現のSの欠落した文章。これをどう採点されますか？　文法として不正確だから×とするか，意味は通じるから○とするか，△として減点

するか。減点の場合，これは「2点」以上の問題であることが前提になります。どの採点方法でも一長一短です。そして難しいことは，採点方法には「教師の指導理念」が現れてくるということです。

　不正確だから×とする教師は，文法を大切にして指導に取り組まれているのでしょう。生徒も文法を意識して授業に取り組むでしょう。しかし，ミスを恐れるあまり，アウトプットを恐れる生徒になるかもしれません。
　意味が通じるから○とする教師は，とにかくコミュニケーションを大切に指導しているのでしょう。失敗を恐れない積極的な生徒が育つかもしれません。しかし，誰かがミスを指摘しない限り，生徒は「これでいいのだ！」と誤った認識をもつかもしれません。
　だからと言って△とする場合，1文あたりの配点があまりにも大きくなってしまう可能性があります。ライティングはたくさんある英語技能の一つにすぎませんから，必要以上の配点になることには気をつけなければいけません。
　このように，指導理念によって採点方法に違いが出る場合があります。自分単独で教えているならまだしも，複数の教師で学年を教えている場合は，事前に徹底した擦り合わせをしなければいけません。事前というのは，もちろん授業がスタートする前の4月のことです。だから難しいのです。
　ちなみに私の考える採点方法は，別項で紹介させていただいています。参考にしていただければ幸いです。

ポイント2：課題設定を明確に
　例えば，「アメリカの友だちに，クリスマスカードを8文以上で書いてください」という課題では，生徒はほぼ書ききることができません。そして，採点がほぼ不可能です。授業内課題としてはあり得るかもしれませんが，テスト問題としては難しいです。
　状況設定を明確にしながら，「何を書くべきなのか」ということを明らか

にしなければいけません。極端なことを言えば，「次の日本語の意味とほぼ同じになるように，英語に書き換えなさい」というような英訳問題ぐらいわかりやすい（問題としての）ものであることが大切です。

ポイント３：制限時間の問題

　テストの時間は無限ではありません。中・高の場合，50分が基本のテスト時間となることが多いと思いますが，ライティングは生徒にとって一番時間のかかる問題です。必要以上に問題数を多くすると，時間切れになってしまうことがよくあります。全体の時間のバランスをよく考えてあげなければいけません。ちなみに，英作文問題は，テストの最後に位置づけられることがよくあります。私は，「この習慣にとらわれる必要はない」と思っています。問題の出題形式の基本は「易→難」だと考えていますが，問題の設定によっては英作文が一番難しいとは限りません。「なんとなく」でレイアウトしている問題の順番も，再考してみる余地はあると思います。

英作文の問題点

> 「私は，放課後にバスケットボールをするのが好きです」

というテスト問題を考えていたとします。すると，授業でも似たような課題が取り組まれることでしょう。すると，生徒は「日本語を英語に訳す」という考え方が染みついてしまいます。これはボトムアップで英語をつくり出すスキルですが，トップダウンで頭に染みついた英語を使いこなすスキルも育てなければいけません。必要以上に「正しい日本語」を見せて英作文をさせることは，「訳」にとらわれる生徒を育ててしまうのではないかと私は危惧しています。

そこで私は，

> 「私は→好き→することが→バスケットボールを→放課後に」

という形で生徒に英作文をさせることがよくあります。私はこれを「英語語順日本語」と読んでいます（生徒に対しては『英語日本語』と簡単にして使っています）。こういうステップから始めると，英作文の採点も明確になりやすく，生徒にもいい波及効果が出ると私は考えています。また，こういう「日本語の語順再構築」の技術も同時に教えたいという思いもあります。

> 「私は→することが好き→バスケットボールを→放課後に」
>
> 「私は→バスケットボールをすることが好き→放課後に」

というように意味の固まりを大きく（つまり，矢印の数を減らす）していけば，英作文問題に近づいていくようになります。このように出題すれば，授業の好循環をつくり出しながら，テストを作成することができるのではないでしょうか。

要点チェック！

英作文の力を伸ばすためには，「テストで出題する」ではなく，「フィードバックをする」ということが大切です。その意味で，本当にライティング問題は可能なのかどうかを考えてみてください。しかし，特に公立の学校では考える余地もなく「やらなければいけない」という現状もあるようです。ライティング問題の特性をよく理解して，授業とのつながりも意識しながら出題しなければいけません。

ライティング編
英作文採点方法

採点基準

　先にも示したように、私は英作文をほとんど定期テストの問題として出題しなくなりました。しかし、学校によっては「ほぼ強制」の形で、否応なく出題しなければいけないところもあるようです。そこで、私が行っている英作文の採点基準を紹介させていただきます。

英作文採点基準表（標準編）

> 1. 主語と動詞（英語の骨組み）が書かれていれば、2点。
> 2. 文の中の「なにを（what）」「どのように（how）」「どこ（where）」「いつ（when）」が正しく書かれていれば、各1点。
> 3. when, after, before, while, if の節の中で出てくる「主語＋動詞」にはセットで、1点。because も同じ。
> 4. 動詞の時制の間違いは、マイナス2点。
> 5. 慣用句・決まりきった表現（Thank you. など）は、1点。
> 6. 同じ文章パターンが続く場合は、最初の文のみを採点対象とする。
> 7. 冠詞、単数複数、前置詞、スペル、大文字小文字のミスは、1文中に2つで、マイナス1点。
> 8. 文章はめちゃくちゃだが、何とか意味が伝わる文には、1点。10語以上の文には、2点。

　これを基準に採点をしています。もちろん、これで全てをカバーしているわけではありません。不定詞・動名詞などを使えば加点、関係代名詞や助動詞＋受け身（will be held など）を使えば加点、などのルールを決めていま

した。

配点に換算

　前記の方法で採点をします。すると，文章の量が増えれば増えるほど，点数が伸びる計算になります。しかし，配点は「15点分」などのきまりもあるはずです。その場合は，まずは上限を決めます。つまり，何点以上は「満点（15点）」という点数を決めます。

> ［1］（配点の満点）÷（実際の点数）＝X（おそらく，1.0以下の数字）
> ［2］（実際の点数）× X＝テストに表記する得点

　仮にある英文を前ページの採点基準で採点した場合，合計が40点以上取れている場合は，満点（つまり，配点分の15点）にするとします。そして，採点の結果（素点）は26点だったとします。すると，以下のような計算式で，計算することになります。

【例】
　15点÷40点＝0.375
　26点×0.375＝9.75（四捨五入で10点）

となります。たくさん英文を書いた生徒に対しては，しっかりと評価してあげるべきだと思い，報われるようなシステムにしていました。過去のものですが，参考になれば幸いです。

要点チェック！

　英作文を評価することは，観点別の評価をする際にもとても重要になります。しかし，最も大事なのは，書いた英作文に対してフィードバックをすることです。学年全体の英作文に対して，フィードバックができるのか。そのことを考慮に入れて，英作文の問題は考えなければいけないと思います。

COLUMN
スピーキングテストはどう取り入れる？

最も注目されている技能！

　スピーキング能力をどのように測定するのかということに関して，今大きな注目が集まっています。英検をはじめとする各企業も，スピーキングテストを導入し始めました。本書では，「ペーパーで行うテスト」を基本として構成していますので，実技テストであるスピーキングに関しては，触れていません。ですが，その重要性は明らかで，スピーキングの評価に関しては，そのことだけで本1冊が書けてしまうほどです。関連する本などもたくさんあります。ぜひ，お読みいただければと思います。

グルグルメソッド

　ちなみに私が行っているスピーキングテストはそれほど多くありません。そしてそのほとんどが「グルグルメソッド」です。その詳細は，拙著『英語授業の心・技・愛』（研究社）をお読みいただければと思います。「グルグル」は，1対1のスピーキングテストの方法です。これを授業の中に位置づければ，毎時間がスピーキングテストという状況をつくり出すことができます。

　スピーキングテストは，どうしても実用性（Practicality）が低く，実施頻度が低下してしまいます。現実的には，学期に1回ぐらいの即興英会話テストができればいいと思いますが，それではあまりにも頻度が少ないです。ですので，**「授業そのものがスピーキングテスト」**という大胆な発想の転換が必要になります。

　スピーキングテストの重要性は言うまでもありません。ぜひ，授業の中にも導入していただきたいと思っています。

Chapter

5

これだけはやってはいけない
英語テストづくりの落とし穴

1 教科書和訳問題

「教科書和訳問題」

　本書を書くにあたり，私はたくさんの定期テストを集めました。多くの先生方にご協力をお願いしました。それらの資料を分析していく中で，私は「こんな問題があるだろうなあ」と思っていた問題が，私が集めたテストの中にはありませんでした。それが「教科書和訳問題」です。この問題がよくない，ということはあちらこちらで言われていることですから，それがテストの中から消えているという事実は，とてもすばらしいことです。しかし，伝え聞くには，まだ多くの定期テストの中で教科書和訳問題が採用されているようです。多くの先生方がこのような問題をすでに出されていないとは思いますが，本書でもやはり触れないわけにはいきません。

なぜダメなのか？

　答えは至極簡単です。「波及効果」がよくないからです。むしろ英語学習とは「和訳を覚えることだ」と間違った方略（ストラテジー）を生徒に無意識に刷り込むことになってしまいかねません。悪しきヒドゥンカリキュラムです。

　教科書の本文は，基本的には既習事項になっているはずです。ですから，意味内容も授業内で確認されているはずです。ノートやプリントになっている場合も少なくありません。このような状態で，生徒たちが「次のテストは教科書の和訳問題が出るみたいだぞ」と予想しているのであれば，彼らはテスト勉強において，和訳の確認作業に苦心することでしょう。ひどい場合は，「日本語訳を丸暗記」なんて方法を使ってくる場合もあるかもしれません。

どうして出題したくなるのか？

　多くの先生方は「これぐらい簡単な問題でないと，生徒に点を取らせてやることができないから……」とお答えになります。しかし，教科書本文を使って，解答が英語になるような問題であり，かつほとんどの生徒が答えられるような問題はいくらでもつくることができます。例えば，教科書に出てきた１文を用いて，

次の文章を読んで，後の問いに答えなさい。
Kohei wants to be a professional golfer.

　Q：What does Kohei want to be?
　　(a)　A professional golfer
　　(b)　A soccer player
　　(c)　A teacher

とすれば，おそらくほぼ全ての生徒が正解するであろう問題になります。波及効果がよい問題だとは思いませんが，英語で解答を求めたとしても，簡単な問題はつくれるという１例です。

それでも意味内容を確認したい場合

　「どうしても教科書の意味を理解しているかを確認したいのだ」という人がいるかもしれません。はっきり言えば，「授業内で確認すればいい」と思っています。教科書程度の英文であれば，やはり意味内容は理解できていることが望ましいことは，疑いの余地がありません。しかし，それは授業内で「指導」と「確認」をすればいいのです。何もテストで確認する必要はありません。それでもというなら，「パラフレーズ問題」なんていうのはいかがでしょうか。これはずいぶんと「波及効果」の高い問題になっています。授業内でのトレーニングも不可欠ですが，指導と評価の一体化という意味でも

非常に意味のある問題です。詳しくは別項に書いた「パラフレーズ問題」（102ページ）を参照ください。

同僚との兼ね合いがある場合

　「私は教科書和訳問題はやめたいのですが，同僚はどうしてもやりたいと言うのです……」という同僚との兼ね合いの問題があります。強引にことを進めて，同僚との関係が悪くなってしまっては，元も子もありません。話は変わりますが，生徒指導が上手にいっている学校は，ほとんどと言っていいぐらい，教員間の仲がいいものです。生徒は思いのほか，教員間の人間関係を観察しています。「先生は，○○先生と仲がいいね」なんて言われることも珍しくありません。教員間の仲がいいということは，私たちが想像している以上に生徒たちに好影響を与えます。このことを意識せずにして，生徒指導を機能させることは非常に難しいと私は感じています。

　話を元に戻します。つまり，同僚とは仲良くやったほうがいいわけですが，教科書和訳問題はやはり避けたい場合。こんなときは，段階的に教科書和訳問題をフェードアウトさせていくのがいいでしょう。

１学期中間：教科書和訳問題（ただし，生徒には事前に伝えない）
１学期期末：教科書本文を応用した和訳問題
　　　　　　（文章をそのまま出題しない。一部を変更する。生徒に伝える）
２学期中間：教科書本文並べ替え問題
　　　　　　（パラグラフごとにバラバラにしたものを並べ替える）
２学期期末：１文パラフレーズ問題
　　　　　　（教科書の本文の一つを，ほぼ同じ内容の意味にパラフレーズして，記号で選ばせる）
学　年　末：教科書全文パラフレーズ問題（「パラフレーズ問題」参照）

　このように段階的にゆっくり移行させていくのはいかがでしょうか。私に

は経験がありませんが、「こんなにうまくいくわけがない！」とお叱りを受けるかもしれません。しかし、私がお伝えしたい意図（つまり、突然に変更するのではなく、ゆっくり段階的に変更していく）が伝わっていれば幸いです。

「和訳問題」と「教科書和訳問題」は別次元の話

　このような文章を書くと、一部の和訳問題肯定派の人たちから批判を受けるかもしれません。私は和訳問題の重要性を訴えられる人たちの主張を一概に否定しているわけではありません。和訳も、時には重要な活動であることを私は認識しています。しかし、「和訳問題」と「教科書和訳問題」は、別次元の話です。未習と既習の文章という違いだけではなく、最大の違いは波及効果です。教科書和訳問題は、圧倒的に波及効果がよくないのです。この点において、私は「和訳問題」と「教科書和訳問題」は別次元の話であると考えています。

要点チェック！

　教科書和訳問題は、多くのテスト問題の中から少しずつなくなり始めているような気がしますが、やはり根強く残っている場合もあるようです。この問題のメリット・デメリットをよく考えなければいけません。そして、教科書和訳問題のメリットを、他の問題でも獲得できないか、と検討してみることが大事です。私は教科書和訳問題においては、デメリットが多いのではないかと考えています。

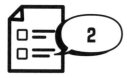

2 常識・背景知識で解ける問題

本文を読まずに解ける問題ではダメ

まずは,次の問題を解いてみてください。リーディング問題です。ただし,本文は見せません。選択肢だけを見て解答してください。

次の英文の中で,本文の内容と一致するものを選び,記号で答えなさい。

(a) Kyoto has a lot of world heritage sites.
(b) It is hard to find tourists in Kyoto.
(c) Kyoto Station is a world heritage site.

さて,答えはどれでしょうか? おそらく読者の先生方の全員が正解をわかるのではないでしょうか。その通りです。答えは(a)です。しかし,なぜ本文を読んでもいないのに,正解にたどり着くことができたのでしょうか。それは「背景知識」があるからです。簡単に言えば,「読まなくても知っている」からです。京都には世界遺産がたくさんあるということは,おそらくほとんどの生徒も知っているでしょう。観光客が多いことも知っているでしょう。京都駅が世界遺産でないことも知っているでしょう。ですから,読まなくても正解にたどり着いてしまうのです。

これはわかりやすい例かもしれません。しかし,錯乱肢(間違いの選択肢)を作成するときに,「あきらかに違うものをつくろう!」ということを意識しすぎてしまうあまり,「ありえない選択肢」をつくってしまうことは意外によくあることなのです。

本文の内容にウソがあってもダメ

　例えば，正解を（b）だとします。本文をしっかり読めば，（b）だということがわかったとします。確かに，問題文には「本文の内容と一致するもの」と書いてあるので，本文に（b）の内容が書いてあれば，それが正解になります。しかし，「現実の常識とかけ離れているもの」は正解にするべきではありません。生徒は，テストの本文に書いてあることを「そうなんだあ」と思いながら**読書している可能性**があるからです。テストは授業で，学校教育の一つなのですから，テストの本文であったとしても，教育的内容としてふさわしいものを選ばなければいけません。本文の内容にもウソがあってはいけないのです。

選択肢を同僚に確認してもらう

　この手の問題には，他者からのチェックが必要になります。自分で問題をつくり，自分でチェックするだけでは，ダメです。つくり手の思い込みがあるからです。同僚の先生に「選択肢だけ確認してもらえますか？」とお願いして，そこだけを読むだけではわからないということを確認しておきましょう。確認してもらうと，意外と「選択肢だけで正解してしまう問題」をつくってしまっていることに気がつきます。

要点チェック！

　間違いの選択肢をつくるとき，「正解になり得る可能性」を極力減らさなければいけません。それゆえに，「極端」な選択肢をつくってしまいがちになります。選択問題はこういう問題を構造的に含んでいます。ですから，同僚とのチェックを活用して「常識・背景知識」で解ける問題を削除しなければいけません。

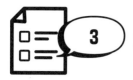

3 ネイティブが解けない問題

the は何て読みますか？

th の発音という問題ではなく、「ザ」と読むか「ジ」と読むかという問題です。例えば、こんな問題。

I don't want to eat the apple.
1.「ザ」
2.「ジ」

「本当にこんな問題が？」と疑ってしまいたくなるような問題ですが、これはある公立中学校で2015年度に実際に出題された問題です。出題者の意図は、apple の「a」が母音であることを認識し、「ジ」と発音できるかどうかを確認することでしょう。気持ちはわかります。しかし、「ザ」と読むか「ジ」と読むかは、文脈（コンテクスト）によると一般的には言われています。つまり、この問題の答えは「どっちでもいい」となってしまうのです。

基準はネイティブが正解できるか

the を「ザ」と読むか「ジ」と読むか。これは教師として知っておきたい知識です。しかし、次のような問題はどうでしょう。

Q：Who invented the toaster?（The toaster を主語にして答えなさい）

これだけの問題です。本文はありません。たったこれだけの問題なのです。読者のみなさまは答えられますか？ おそらく多くの方が「英語はわかるけ

ど，答えがわからない……」となっているのではないでしょうか。ネイティブにこの問題を見せても，同じリアクションが返ってきました。

　ちなみにこの問題の意図は，「授業でこの内容は扱っている。答えは当然教えている。授業をしっかり聞いているかどうかを試す意味もある」というものです。なるほど，授業をしっかり聞いているかどうかを試したいという心情はよく理解できます。意図もわかりました。しかし，それでもこの問題はお粗末と形容せざるを得ません。やはり，私たちはどうあれ「英語力」を測定しているのですから，波及効果が高かったとしても，あまりに英語力と無関係な部分に偏ってしまうのは避けなければいけません。

　ネイティブが学校にいるのならば，問題を解いてもらうのが一番でしょう。彼らが解けない問題ならば，何かしらの問題点があると考えて，まず間違いありません。

ネイティブ過信は禁物

　ただし，過信は禁物です。「これは違うよ。これが正しい文法だ」とネイティブが修正してくれることがあります。ありがたいことです。しかし，必ずご自身で文法書などを開いて確認することが大切です。ネイティブがパーフェクトとは限りません。あるネイティブに書いてもらった文章を，別のネイティブにチェックしてもらったら真っ赤にチェックが入った，なんてこともよくあることです。ですから，ご自身で確認して納得することが大切です。そして，これが英語教師自身の「英語力を伸ばすトレーニング」に間違いなくなります。

要点チェック！

　私たちがつくるテストにおいて，「波及効果」を考えることが最も大切なことだと本書のいたるところでお伝えしてきました。しかし，いくら「波及効果」がよいテストといえど，あまりに英語力と無関係な問題は避けるべきです。その意味で，ネイティブに問題を解いてもらうことは大切です。

おわりに

やっぱり，テストは授業・授業はテスト

　最後まで本書をお読みいただき，ありがとうございました。自分自身，この本を書き終えた段階での感想は「やっぱり，テストは授業・授業はテストだな」というものです。本書のタイトルを明治図書の林さんと相談させてもらったときも，「テストという言葉を使うかどうか迷っている」と伝えたぐらいです。それぐらい，本書で紹介させてもらったテスト問題の数々は，私が授業で使っている活動と同じものだからです。本書はその意味で「活動集」的なものであるとも思っています。

　私がこの本を書かせていただいたのは，前著『音読指導アイデアBOOK』（明治図書）からのつながりです。ありがたいことに，『音読指導アイデアBOOK』は，私の想像よりもたくさんの人に読んでいただくことができました。自分の実践をこうやって紹介させていただくことは本当に光栄なことですし，また「おかげさまで授業が変わりました」「生徒の成績が伸びました」などの声をいただくこともできました。先生方の，そして先生方の教え子さんたちに，少しでもお役に立てたならば，これ以上の喜びはありません。

　本書では，「テスト」を中心に書かせていただきました。これも前著と同じく，あくまで私の実践をご紹介させていただいたものです。音読と違い，テストはあまりニーズのあるトピックではないかもしれません。しかし，音読と違い，テストは多くの場合「やらなければいけないもの」なのです。選択の余地のないものなのです。

「テストが武器になる」

　教師の仕事は「人間力の育成」なのかもしれません。しかし，英語教師の

仕事は「英語力を鍛え，育てること」です。そのミッションを忘れてはいけないと思います。そして，そのミッションを遂行するためには，がむしゃらに突っ込むのではなく，「戦略」をもたなければいけません。その戦略の助けになるのがテストだと私は考えています。それも「強力な武器」になると思っています。

　生徒が英語を好きになるのは，教師が「英語の魅力」を語ったときでもなければ，「国際化社会」について熱弁したときでもありません。「英語がうまくなってきた」という伸長感をもったときです。英語力を伸ばしてあげれば，英語が好きになり，さらに努力する，という好循環が生まれます。そして，その循環のスタートは必ず「英語がうまくなってきた」という感覚なのです。テストはそのための武器だと，私は伝えたいのです。

　本書を書く機会を与えてくださった明治図書の林知里さんには，本当に感謝をしております。前著から引き続き，一緒にお仕事できたことを心から感謝しております。また，本書のために全国からたくさんのテストの協力を得ることができました。各先生方のテストを拝見させていただくことは，私にとっても勉強になりました。そして何より，本書を手に取っていただいた方に心より御礼申し上げます。せっかくのご縁です。何かありましたら，ご遠慮なく連絡をいただければ幸いです。

　私もまだまだ未熟者です。ダメだと思うことも多い毎日です。しかし，今は未熟な自分を楽しんでいる自分もいます。「弱い自分が，強い自分を押し上げる」という精神で，今日も生徒と授業をしています。

　2017年3月　　自宅のリビングにて

正頭　英和

【著者紹介】
正頭　英和（しょうとう　ひでかず）
立命館小学校教諭。1983年，大阪府生まれ。関西外国語大学外国語学部卒業。関西大学大学院修了（外国語教育学修士）。京都市公立中学校，立命館中学校高等学校を経て現職。全国で学級づくりや授業方法・小学校英語のワークショップなどを行っている。

〈主な著作〉
『5つの分類×8の原則で英語力がぐーんと伸びる！音読指導アイデアBOOK』（明治図書），『英語授業の心・技・愛〜小・中・高・大で変わらないこと〜』（研究社），『言語活動が充実する　おもしろ授業デザイン集〔低学年〕〔中学年〕〔高学年〕』（学事出版），DVD「明日の教室第33弾　子どもが育つ授業＆学級づくり」（有限会社カヤ）など。

〈メールアドレス〉
hidekazu_shoto@hotmail.com

［本文イラスト］松田美沙子

中学校英語サポートBOOKS
6つのアイデア×8の原則で英語力がぐーんと伸びる！
英語テストづくり＆指導アイデアBOOK

2017年4月初版第1刷刊	©著　者	正　頭　英　和	
	発行者	藤　原　光　政	
	発行所	明治図書出版株式会社	

http://www.meijitosho.co.jp
（企画）林　知里（校正）井草正孝
〒114-0023　東京都北区滝野川7-46-1
振替00160-5-151318　電話03(5907)6703
ご注文窓口　電話03(5907)6668

＊検印省略　　　　　組版所　株式会社アイデスク

本書の無断コピーは，著作権・出版権にふれます。ご注意ください。

Printed in Japan　　　　　　　ISBN978-4-18-188016-3
もれなくクーポンがもらえる！読者アンケートはこちらから →